COLLECTION MICHEL LÉVY

LES FOYERS DU PEUPLE

OUVRAGES

DE

A. DE LAMARTINE

PUBLIÉS DANS LA COLLECTION MICHEL LÉVY

Antar	1 vol.
Balzac et ses œuvres	1 —
Benvenuto Cellini	1 —
Bossuet	1 —
Cicéron	1 —
Christophe Colomb	1 —
Les Confidences	1 —
Le Conseiller du peuple	6 —
Cromwell	1 —
Fénelon	1 —
Les Foyers du peuple	2 —
Geneviève, histoire d'une servante	1 —
Graziella	1 —
Guillaume Tell	1 —
Héloïse et Abélard	1 —
Homère et Socrate	1 —
Jacquard	1 —
Jeanne d'Arc	1 —
Madame de Sévigné	1 —
Nelson	1 —
Régina	1 —
J.-J. Rousseau	1 —
Rustem	1 —
Toussaint Louverture	1 —
Vie du Tasse	1 —

POISSY. — IMP. ET STÉR. DE A. BOURET.

LES

FOYERS DU PEUPLE

PAR

A. DE LAMARTINE

DEUXIÈME SÉRIE

PARIS

MICHEL LÉVY FRÈRES, LIBRAIRES ÉDITEURS

RUE VIVIENNE, 2 BIS, ET BOULEVARD DES ITALIENS, 15

A LA LIBRAIRIE NOUVELLE

—

1866

LES

FOYERS DU PEUPLE

RESSOUVENIR DU LAC LÉMAN

I

Encor mal éveillé du plus brillant des rêves,
Au bruit lointain du lac qui dentelle tes grèves,
Rentré sous l'horizon de mes modestes cieux,
Pour revoir en dedans je referme les yeux,
Et devant mes regards flottent à l'aventure,
Avec des pans du ciel, des lambeaux de nature!

Si Dieu brisait ce globe en confus éléments,
Devant sa face ainsi passeraient ses fragments...

II

De grands golfes d'azur, où de rêveuses voiles
Répercutant le jour sur leurs ailes de toiles,
Passent d'un bord à l'autre avec les blonds troupeaux,
Les foins fauchés d'hier qui trempent dans les eaux;
Des monts aux verts gradins que la colline étage,
Qui portent sur leurs flancs les toits du blanc village,
Ainsi qu'un fort pasteur porte, en montant aux bois,
Un chevreau sous son bras sans en sentir le poids;
Plus haut, les noirs sapins, mousse des précipices,
Et les grands prés tachés d'éclatantes génisses,
Et les chalets perdus pendant tout un été
Sur les derniers sommets de ce globe habité,
Où le regard, épris des hauteurs qu'il affronte,

S'élève avec l'amour, soupir qui toujours monte !...
Désert où l'homme errant, pour leur lait et leur miel,
Trouve la liberté qu'il rapporta du ciel !...
Par-dessus ces sommets la neige blanche ou rose,
Fleur que l'été conserve et que la nue arrose;
Les glaciers suspendus, océans congelés,
Pour la soif des vallons tour à tour distillés;
Dans l'abîme assourdi l'avalanche qui plonge;
Et sous la main de Dieu pressés comme une éponge,
Noyés dans son soleil, fondus à sa lueur,
Ces grands fronts de la terre exprimant sa sueur !...
Je vois blanchir d'ici, dans les sombres vallées,
Des torrents de poussière et des ondes ailées;
Leur sourd mugissement tonne si loin de moi,
Que je n'entends plus rien du fracas que je voi !

. . . .

III

Flèche d'eau du sommet dans le gouffre lancée,
La cascade en sifflant éblouit ma pensée.
Comme un lambeau de voile arraché par le vent,
Elle claque au rocher, rejaillit en pleuvant,
Et tombe en petillant sur le granit qui fume
Comme un feu de bois vert que le pasteur allume.
A peine reste-t-il assez de ses vapeurs
Pour qu'un pâle arc-en-ciel y trempe ses couleurs
Et flotte quelque temps sur cette onde en fumée,
Comme sur un nom mort un peu de renommée !...

. . . .

IV

Notre barque s'endort, ô Thoune ! sur ta mer,
Dont l'écume à la main ne laisse rien d'amer;
De tes flots, bleu miroir, ces Alpes sont la dune.
Il est nuit; sur ta lame on voit nager la lune :
Elle fait ruisseler sur son sentier changeant
Les mailles de cristal de son filet d'argent,
Et regarde, à l'écart des bords d'un autre monde,
Les étoiles ses sœurs se baigner dans ton onde.
Son disque, épanoui de noyer en noyer,
De l'ondoîment des flots, pour nous, semble ondoyer;
Chaque arbre tour à tour la dévoile ou la cache.
D'un côté de l'esquif notre ombre étend sa tache,
Et de l'autre les monts, leurs neiges, leurs glaçons,
Plongent dans le sillage avec leurs blancs frissons !...
Diamant colossal enchâssé d'émeraudes,

Et le front rayonnant d'auréoles plus chaudes,
La rêveuse *Yung-Frau*, de son vert piédestal
Déploie au vent des nuits sa robe de cristal...
A ce divin tableau, la rame lente oublie
De frapper sous le bord la vague recueillie;
On n'entend que le bruit des blanches perles d'eau,
Qui retombent au lac des deux flancs du bateau,
Et le doux ronflement d'un flot qui se soulève,
Sons inarticulés d'eau qui dort et qui rêve !...
O poétique mer ! il est dans cet esquif
Plus d'un cœur qui comprend ton murmure plaintif;
Qui, sous l'impression dont ta scène l'inonde,
Pour soulever un sein, s'enfle comme ton onde,
S'ouvre pour réfléchir, à l'alpestre clarté,
La nature, son Dieu, l'amour, la liberté;
Et, ne pouvant parler sous le poids qui le charme,
Répand le dernier fond de toute âme... une larme !

V

Hubert ! heureux enfant de ces tribus de Tell,
Que Dieu plaça plus près des Alpes, son autel !
Des splendeurs de ces monts doux et fier interprète,
Ame de citoyen dans un cœur de poëte !
Voilà donc ces sommets et ces lacs étoilés
Devant nos yeux ravis par ta main dévoilés !
Voilà donc ces rochers à qui ton amour crie
Le plus beau nom de l'homme à la terre : « O patrie !... »
Ah ! tu tiens à ce ciel par un double lien :
Qui chérit la nature est deux fois citoyen !

VI

Mais tu dis, dans l'orgueil de ta fière tendresse :
« Ces monts sont trop bornés pour l'amour qui m'op-
[presse,]

On voit la liberté sur leurs flancs resplendir;
Mais, pour l'adorer plus, je voudrais l'agrandir.
N'être qu'un poids léger de l'immense équilibre,
C'est être respecté, ce n'est pas être libre;
Dans sa force tout droit doit porter sa raison;
Un grand peuple à ses pieds veut un grand horizon!
Si la pitié des rois nous épargne l'offense,
Le dédain des tyrans n'est pas l'indépendance;
Il faut compter par masse et non par fractions,
Pour jouer dans ce siècle au jeu des nations.
La Suisse est l'oasis de mon âme attendrie;
J'y chéris mon berceau, j'y cherche une patrie!... »

VII

Adore ton pays et ne l'arpente pas.
Ami, Dieu n'a pas fait les peuples au compas;
L'âme est tout; quel que soit l'immense flot qu'il roule,

Un grand peuple sans âme est une vaste foule !
Du sol qui l'enfanta la sainte passion
D'un essaim de pasteurs fait une nation;
Une goutte de sang dont la gloire tient trace
Teint pour l'éternité le drapeau d'une race !
N'en est-il pas assez sur la flèche de Tell,
Pour rendre son ciel libre et son peuple immortel?
Sparte vit trois cents ans d'un seul jour d'héroïsme !
La terre se mesure au seul patriotisme.
Un pays, c'est un homme, une gloire, un combat!
Zurich ou Marathon, Salamine ou Morat!
La grandeur de la terre est d'être ainsi chérie :
Le Scythe a des déserts, le Grec une patrie!...
Autour d'un groupe épars de montagnes, d'îlots,
Promontoires noyés dans les brumes des flots,
Avec son sang versé d'une héroïque artère,
Léonidas mourant écrit du doigt, sur terre,
Des titres de vertu, d'amour, de liberté,
Qui lèguent un pays à l'immortalité!

Qu'importe sa surface? un jour, cette colline
Sera le Parthénon, et ces flots, Salamine!
Vous les avez écrits, ces titres et ces droits,
Sur un granit plus sûr que les chartes des rois!

VIII

Mais ce n'est plus le glaive, Huber, c'est la pensée,
Par qui des nations la force est balancée.
Le règne de l'esprit est à la fin venu...
Plus d'autres boucliers! — l'homme combat à nu.
La conquête brutale est l'erreur de la gloire.
Tu l'as vu, nos exploits font pleurer notre histoire.
De triomphe en triomphe, un ingrat conquérant
A rétréci le sol qui l'avait fait si grand!...
Il faut qu'avec l'effort de l'orgueil en souffrance,
Le génie et la paix reconquièrent la France,
Et que nos vérités, de leurs plus beaux rayons,

Dérobent notre épée à l'œil des nations,
Ainsi qu'Harmodius, sous un faisceau de rose,
Cachait le saint poignard altéré d'autre chose!
Les serviteurs du monde en sont seuls les héros :
Où naquit un grand homme, un empire est éclos.
La terre qui l'enfante, illustrée et bénie,
Monte de son niveau, grandit de son génie :
Il conquiert à son nom tout ce qui le comprend.

IX

O Léman, à ce titre es-tu donc trop peu grand?
Jamais Dieu versa-t-il sur sa terre choisie,
De sa corne de dons, d'amour, de poésie,
Plus de noms immortels, sonores, éclatants,
Que ceux dont tu grossis le bruit lointain du temps?
L'amour, la liberté, ces alcyons du monde,
Combien de fois ont-ils pris leur vol sur ton onde,

Ou confié leur nid à tes flots transparents?
Je vois d'ici verdir les pentes de Clarens,
Des rêves de Rousseau fantastiques royaumes,
Plus réels, plus peuplés de ses vivants fantômes,
Que si vingt nations sans gloire et sans amour
Avaient creusé mille ans leurs lits dans ce séjour;
Tant l'idée est puissante à créer sa patrie!
Voilà ces prés, ces eaux, ces rocs de Meillerie,
Ces vallons suspendus dans le ciel du Valais,
Ces soleils scintillants sur le bois des chalets,
Où, des simples des champs en cueillant le dictame,
Dans leur plus frais parfum il aspire son âme!
Aussi le souvenir de ces félicités
Le suivit-il toujours dans l'ombre des cités.
Ses pieds rampants gardaient l'odeur des herbes hautes,
Son premier ciel brillait jusqu'au fond de ses fautes,
Comme une eau de cascade, en perdant sa blancheur,
Roule à l'arve glacé sa première fraîcheur.

X

Voltaire! quel que soit le nom dont on le nomme,
C'est un cycle vivant, c'est un siècle fait homme!
Pour fixer de plus haut le jour de la raison,
Son œil d'aigle et de lynx choisit ton horizon;
Heureux si, sur ces monts où Dieu luit davantage,
Il eût vu plus de ciel à travers le nuage!

XI

Byron, comme un lutteur fatigué du combat,
Pour saigner et mourir, sur tes rives s'abat;
On dit que, quand les vents roulent ton onde en poudre,
Sa voix est dans tes cris et son œil dans ta foudre.
Une plume du cygne enlevée à son flanc
Brille sur ta surface à côté du mont Blanc!

XII

Mais mon âme, ô Coppet, s'envole sur tes rives,
Où Corinne repose au bruit des eaux plaintives.
En voyant ce tombeau sur le bord du chemin,
Tout front noble s'incline au nom du genre humain.
Colombe de salut pour l'arche du génie,
Seule elle traversa la mer de tyrannie!
Pendant que sous ses fers l'univers avili
Du front césarien étudiait le pli,
Ce petit coin de terre, oasis de vengeance,
Protestait pour le siècle et pour l'intelligence;
Le poids du monde entier ne pouvait assoupir,
Liberté, dans ce cœur ton suprême soupir!
Ce soupir d'une femme alluma le tonnerre
Qui foudroya d'en bas le titan de la guerre;
Il tomba, sur son roc par la haine emporté.

Vesta de la vengeance et de la liberté,
Sous les débris fumants de l'univers en flamme,
On retrouva leurs feux immortels dans ton âme!...

XIII

Ah! que d'autres, flatteurs d'un populaire orgueil,
Suivent leur servitude au fond d'un grand cercueil:
Qu'imitant des Césars l'abjecte idolâtrie,
Pour socle d'une tombe ils couchent la patrie,
Et, changeant un grand peuple en servile troupeau,
Qu'ils lui fassent lécher la *botte* et le *chapeau!*
D'autres tyrans naîtront de ces larmes d'esclaves;
Diviniser le fer, c'est forger ses entraves!
Avilir les humains, ce n'est pas se grandir;
C'est éteindre le feu dont on veut resplendir,
C'est abaisser sous soi le sommet où l'on monte,
C'est sculpter sa statue avec un bloc de honte!

Si le banal encens qui brûle dans leurs mains
Se mesure au mépris qu'on a fait des humains,
Le colosse de fer dont ils fardent l'histoire
Avec plus de mépris aurait donc plus de gloire?
Plus bas, Séjans d'une ombre! admirez à genoux!
Il avait deviné des juges tels que vous,
Mais le temps est seul juge; amis, laissons-les faire,
Qu'ils pétrissent du sang à ce dieu du vulgaire;
Que tout rampe à ses pieds de bronze... excepté moi!
Staël, à lui l'univers! — mais cette larme à toi!

XIV

Huber, que ce grand nom, que ces ombres si chères
Agrandissent pour vous le pays de vos pères!
Rebandez le vieil arc que son poids détendit :
On resserre le nœud quand le faisceau grandit;
Dans le tronc fédéral concentrez mieux sa sève;

La tribu devient peuple et l'unité l'achève !
Que Genève à nos pieds ouvre son libre port :
La liberté du faible est la gloire du fort.
Que sous les mille esquifs dont ses eaux sont ridées,
Palmyre européenne au confluent d'idées,
Elle voie en ses murs l'Ibère et le Germain
Échanger la pensée en se donnant la main !
Nid d'aigles élevé sur toute tyrannie,
Qu'elle soit pour l'exil l'hospice du génie,
Et que ces grands martyrs de l'immortalité
Lui payent d'un rayon son hospitalité !

XV

Pour moi, cygne d'hiver égaré sur tes plages,
Qui retourne affronter son ciel chargé d'orages,
Puissé-je quelquefois, dans ton cristal mouillé,
Retremper, ô Léman, mon plumage souillé !

Puissé-je, comme hier, couché sous le pré sombre
Où les grands châtaigniers d'*Évian* penchent l'ombre,
Regarder sur ton sein la voile de pêcheur,
Triangle lumineux, découper sa blancheur;
Écouter attendri les gazouillements vagues
Que viennent à mes pieds balbutier tes vagues,
Et voir ta blanche écume, en brodant tes contours,
Monter, briller et fondre, ainsi que font nos jours!...

CONFIDENCE POÉTIQUE

I

Je n'ai jamais connu lord Byron. J'avais écrit la plupart de mes *Méditations* avant d'avoir lu ce grand poëte. Ce fut un bonheur pour moi. La puissance sauvage, pittoresque et souvent perverse de ce génie, aurait nécessairement entraîné ma jeune imagination hors de sa voie naturelle : j'aurais cessé d'être original en voulant marcher sur ses traces. Lord Byron est incontestablement, à mes yeux, la plus grande nature poétique des siècles modernes. Mais le désir de produire plus d'effet sur les esprits blasés de son pays et de son temps l'a jeté dans le paradoxe, il a voulu être le Lucifer révolté d'un pandémonium humain. Il s'est donné un rôle de fantaisie dans je ne sais quel drame sinistre dont il est à la fois l'auteur et l'acteur. Il s'est fait énigme pour être deviné. On voit qu'il procédait de Gœthe, le Byron allemand ; qu'il avait lu *Faust*, *Méphistophélès*, *Marguerite*, et qu'il s'est efforcé de réaliser en lui un Faust poëte, un don Juan lyrique. Plus tard, il est descendu plus bas; il s'est ravalé jusqu'à Rabelais, dans un poëme facétieux. Il a voulu faire de la poésie, qui est l'hymne de la terre, la grande raillerie de l'amour, de la vertu, de l'idéal, de dieu. Il était si grand, qu'il n'a pas pu se rapetisser tout à fait. Ses ailes l'enlevaient malgré lui de cette fange, et le reportaient au ciel à chaque instant. C'est qu'en lui le poëte était immense, l'homme incomplet, puéril, ambitieux de néants. Il prenait la vanité pour la gloire, la curiosité qu'il inspirait artificiellement pour le regard de la postérité, la misanthropie pour la vertu.

II

Né grand, riche, indépendant et beau, il avait été blessé par quelques feuilles de rose dans le lit tout fait de son aristocratie et de sa jeunesse. Quelques articles critiques contre ses premiers vers lui avaient semblé un crime irrémissible de sa patrie contre lui. Il était entré à la Chambre des pairs; deux discours prétentieux et médiocres n'avaient pas été applaudis : il s'était exilé alors en secouant la poussière de ses pieds et en maudissant sa terre natale. Enfant gâté par la nature, par la fortune et par le génie, les sentiers de la vie réelle, quoique si bien aplanis sous ses pas, lui avaient paru encore trop rudes. Il s'était enfui sur les ailes de son imagination, et livré à tous ses caprices.

III

J'entendis parler pour la première fois de lui, par un de mes anciens amis qui revenait d'Angleterre, en 1819. Le seul récit de quelques-uns de ses poëmes m'ébranla l'imagination. Je savais mal l'anglais alors, et on n'avait rien traduit de Byron encore. L'été suivant, me trouvant à Genève, un de mes amis qui y résidait, me montra un soir, sur la grève du lac Léman, un jeune homme qui descendait de bateau, et qui montait à cheval pour rentrer dans une de ces délicieuses villas réfléchies dans les eaux du lac. Mon ami me dit que ce jeune homme était un fameux poëte anglais, appelé lord Byron. Je ne fis qu'entrevoir son visage pâle et fantastique à travers la brume du crépuscule. J'étais alors bien inconnu, bien pauvre, bien errant, bien découragé de la vie. Ce poëte misanthrope, jeune, riche, élégant de figure, illustre de nom, déjà célèbre de génie, voyageant à son gré ou se fixant à son caprice dans les plus ravissantes contrées du globe, ayant des barques à lui sur les vagues, des chevaux sur les grèves, passant l'été sous les ombrages des Alpes, les hivers sous les orangers de Pise, me paraissait le plus favorisé des mortels ; il fallait que ses larmes vinssent de quelques sources de l'âme bien profondes et bien mystérieuses, pour donner tant d'amertume à ses accents, tant de mélancolie à ses vers. Cette mélancolie même était un attrait de plus pour mon cœur.

IV

Quelques jours après, je lus, dans un recueil périodique de Genève, quelques fragments traduits du *Corsaire*, de *Lara*, de *Manfred*. Je devins ivre de cette poésie. J'avais enfin trouvé la fibre sensible d'un poète à l'unisson de mes voix intérieures. Je n'avais bu que quelques gouttes de cette poésie, mais c'était assez pour me faire comprendre un océan.

V

Rentré l'hiver suivant dans la solitude de la maison de mon père à Milly, le souvenir de ces vers et de ce jeune homme me revint un matin à la vue du mont Blanc, que j'apercevais de ma fenêtre. Je m'assis au coin d'un petit feu de ceps de vigne que je laissais souvent éteindre, dans la distraction entraînante de mes pensées; et j'écrivis au crayon, sur mes genoux, presque d'une seule haleine, ma *Méditation* à lord Byron. Ma mère, inquiète de ce que je ne descendais ni pour le déjeuner ni pour le dîner de famille, monta plusieurs fois pour m'arracher à mon poëme. Je lui lus plusieurs passages qui l'émurent profondément, surtout par la piété de sentiments et de résignation qui débordait de mes vers, et qui n'était qu'un écoulement de sa propre piété. Enfin, désespérant de me faire abandonner mon enthousiasme, elle m'apporta de ses propres mains un morceau de pain et quelques fruits secs, pour que je prisse un peu de nourriture, tout en continuant d'écrire. J'écrivis, en effet, la *méditation* tout entière, d'un seul trait, en dix heures. Je descendis à la veillée, le front en sueur, au salon, et je lus le poëme à mon père; il trouva les vers étranges mais beaux. Ce fut ainsi qu'il apprit l'existence du poëte anglais, et cette nature de poésie si différente de la poésie de la France.

VI

Je n'adressai point mes vers à lord Byron. Je ne savais de lui que son nom, j'ignorais son séjour. J'ai lu depuis, dans ses Mémoires, qu'il avait entendu parler de cette *méditation* d'un jeune Français, mais qu'il ne l'avait pas lue : il ne savait pas notre langue. Ses amis, qui ne la savaient apparemment pas mieux, lui avaient dit que ces vers étaient une longue diatribe contre ses crimes. Cette sottise le réjouissait, il aimait qu'on prît au sérieux sa nature surnaturelle et infernale; il prétendait à la renommée du crime. C'était là sa faiblesse, une hypocrisie à rebours. Mes vers dormirent longtemps sans être publiés.

VII

Je lus et je relus depuis, avec une admiration toujours plus passionnée, ceux de lord Byron. Ce fut un second Ossian pour moi, l'Ossian d'une société plus civilisée, et presque corrompue par l'excès même de sa civilisation : la poésie de la satiété, du désenchantement et de la caducité de l'âge. Cette poésie me charma, mais elle ne corrompit pas mon bon sens naturel. J'en compris une autre, celle de la vérité, de la raison, de l'adoration et du courage.

Je jouis quand je le vis se relever de son scepticisme et de son épicuréisme, pour aller, de son or et de son bras, soutenir en Grèce la liberté renaissante d'une grande race. La mort le cueillit au moment le plus généreux et le plus véritablement épique de sa vie. Dieu semblait attendre son premier acte de vertu publique pour l'absoudre de sa vie par une sublime mort. Il mourut martyr volontaire d'une cause désintéressée ; il y a plus de poésie vraie et impérissable dans la tente où la fièvre le couche à Missolonghi, sous ses armes, que dans toutes ses œuvres. — L'homme en lui a grandi ainsi le poëte, et le poëte à son tour immortalisera l'homme.

LA FLEUR DES EAUX

I

Dans les climats d'où vient la myrrhe,
Loin des rivages, sur les flots,
Il naît une fleur qu'on admire,
Et dont l'odeur, quand on l'aspire,
Donne l'extase aux matelots.

Savez-vous son nom?
Le flot le soupire,
Il meurt sans le dire.
Savez-vous son nom?
Oh ! non !

II

Fleur tout prodige et tout mystère,
L'abîme amer est son berceau;
Nul fil ne l'attache à la terre,
Nulle main ne la désaltère,
Nulle ancre ne la tient sous l'eau.

Savez-vous son nom?
Le flot le soupire,
Il fuit sans le dire.
Savez-vous son nom?
Oh! non!

III

Elle est pâle comme une joue
Dont l'amour a bu les couleurs,

Et, quand la vague le secoue,
De son bouton qui se dénoue
Il pleut une séve de pleurs.

Savez-vous son nom?
Le flot le soupire,
Il fuit sans le dire.
Savez-vous son nom?
Oh! non!

IV

Les cygnes noirs nagent en troupe,
Pour voir de près fleurir ses yeux;
Le pêcheur, penché sur sa poupe,
Croit qu'un étoile du saint groupe
Est tombée, en dormant, des cieux.

Savez-vous son nom?
Le flot le soupire,

Il fuit sans le dire.
Savez-vous son nom?
Oh! non!

V

Elle ondoie avec la surface
Du courant qui croit l'entraîner;
Mais le jour où le flot qui passe
La retrouve à la même place
Où notre œil semble l'enchaîner.

Savez-vous son nom?
Le flot le soupire,
Il fuit sans le dire.
Savez-vous son nom?
Oh! non!

VI

Le marin dit : « Comment prend-elle
Sa douce vie au flot amer?
Plante unique et surnaturelle,
Pour puiser sa séve immortelle,
Plonge-t-elle au fond de la mer? »

Savez-vous son nom?
Le flot le soupire,
Il fuit sans le dire
Savez-vous son nom?
Oh! non!

VII

Le secret de la fleur marine,
Je le sais par une autre fleur :

Plante sans tige et sans racine,
Chacun cherche et nul ne devine
Que sa séve sort d'un seul cœur.

Savez-vous son nom?
Le flot le soupire,
Il fuit sans le dire.
Savez-vous son nom?
Oh! non!

LES FLEURS

I

O terre, vil monceau de boue
Où germent d'épineuses fleurs,
Rendons grâce à Dieu, qui secoue
Sur ton sein ces fraîches couleurs

II

Sans ces urnes où, goutte à goutte,
Le ciel rend la force à nos pas,

Tout serait désert, et la route
Au ciel ne s'achèverait pas.

III

Nous dirions : « A quoi bon poursuivre
Ce sentier qui mène au cercueil?
Puisqu'on se lasse en vain à vivre,
Mieux vaut s'arrêter sur le seuil.

IV

Mais, pour nous cacher les distances,
Sur le chemin de nos douleurs
Tu sèmes le sol d'espérances,
Comme on borde un linceul de fleurs!

V

Et toi, mon cœur, cœur triste et tendre,
Où chantaient de si fraîches voix;
Toi qui n'es plus qu'un bloc de cendre
Couvert de charbons noirs et froids,

VI

Ah! laisse refleurir encore
Ces lueurs d'arrière-saison!
Le soir d'été qui s'évapore
Laisse une pourpre à l'horizon.

VII

Oui, meurs en brûlant, ô mon âme,
Sur ton bûcher d'illusions,
Comme l'astre éteignant sa flamme
S'ensevelit dans ses rayons !

LE MONT BLANC

SUR UN PAYSAGE DE M. CALAME

I

Montagne à la cime voilée,
Pourquoi vas-tu chercher si haut,
Au fond de la voûte étoilée,
Des autans l'éternel assaut?

II

Des sommets triste privilége!
Tu souffres les âpres climats,

Tu reçois la foudre et la neige,
Pendant que l'été germe en bas.

III

A tes pieds s'endort sous la feuille,
A l'ombre de tes vastes flancs,
La vallée où le lac recueille
L'onde des glaciers ruisselants.

IV

Tu l'enveloppes de mystère,
Tu la tiens dans un demi-jour,
Comme un appas nu de la terre
Que couvre ton jaloux amour.

V

Ah ! c'est là l'image sublime
De tout ce que Dieu fit grandir :
Le génie à l'auguste cime
S'isole aussi pour resplendir.

VI

Le bruit, le vent, le feu, la glace
Le frappent éternellement,
Et sur son front gravent la trace
D'un froid et morne isolement.

VII

Mais souvent, caché dans la nue,
Il enferme dans ses déserts,
Comme une vallée inconnue,
Un cœur qui lui vaut l'univers.

VIII

Ce sommet où la foudre gronde,
Où le jour se couche si tard,
Ne veut resplendir sur le monde
Que pour briller dans un regard.

IX

En le voyant nul ne se doute
Qu'il ne s'élance au fond des cieux,
Qu'il ne fend l'azur de sa voûte
Que pour être suivi des yeux ;

X

Et que de nuage en nuage
S'il monte si haut, c'est pour voir,
La nuit, son orageuse image
Luire, ô lac, dans ton beau miroir !

UNE ENTREVUE AVEC ROSSINI

En 1828, je remplissais des fonctions diplomatiques à Florence. A l'heure où la chancellerie de l'ambassade se fermait, après les dépêches écrites, je montais à cheval sur le quai de l'Arno; je sortais de la ville par une de ces belles portes antiques qui conduisent aux campagnes voisines; j'errais seul entre les haies de figuiers, d'oliviers, de cyprès, qui revêtent ces collines d'une draperie un peu pâle, mais douce aux yeux, et j'écoutais en moi les inspirations fugitives, mais presque toujours pieuses, qui me montaient de cette terre au cœur. Le soleil couché, je rentrais par les longues rues sombres, pavées de dalles retentissantes, et tout embaumées par l'odeur de résine qui s'exhale des charpentes des maisons et des palais de Florence, faites de bois de cyprès. J'écrivais alors, de temps en temps, quelques-unes des inspirations qui m'étaient restées dans la mémoire ; puis j'allais au théâtre assoupir mon âme et laisser ravir mes sens aux sons de la poésie de Rossini, ce cantique sans paroles dont une seule note vaut tous nos vers.

J'avais connu Rossini en 1820, à Naples, pendant la révolution, chez la jeune duchesse d'Albe, il était alors pauvre et obscur, deviné plutôt que célèbre par quelques âmes pressentantes qui avaient entendu ses premières mélodies à San-Carlo; j'étais du nombre, mais je ne connaissais de lui que son nom.

Un soir, en entrant dans le salon plein de foule de la duchesse d'Albe, un beau jeune homme au visage mâle, à l'œil mélancolique, mais ferme comme celui d'un homme qui a la conscience que sa tristesse est un génie, s'avança vers moi sans être présenté; il me tendit une main fraternelle, avec un geste à la fois hardi et bienveillant; puis, d'une voix sonore, concentrée, tragique, mais avec un accent légèrement transalpin, il me récita quelques strophes de la méditation intitulée *le Désespoir*, qui venait de paraître à Paris, et qui finit ainsi :

Jusqu'à ce que la mort, ouvrant son aile immense,
Engloutisse à jamais dans l'éternel silence
L'éternelle douleur !

Puis il se nomma.

Je fus bien fier d'entendre mes propres accents dans la bouche de celui qui remplissait des siens mon oreille et l'oreille de l'Europe. Nous causâmes ; il me confia que ses sublimes ouvrages, payés seulement d'enthousiasme sur les théâtres d'Italie, laissaient sa mère et lui dans un état de fortune insuffisant et précaire. Je l'engageai à aller à Paris et à Londres, centres du monde artistique, d'où sa renommée retentirait bien mieux que de l'extrémité de l'Italie. Malheureusement, il m'écouta. Je me reprocherai toujours ce conseil : c'était l'engager à sacrifier aux barbares ; il y trouva la fortune, il y popularisa son génie ; mais il altéra peut-être ce génie par la nécessité de complaire au goût bien plus dramatique que musical de la France. Les vagues de la mer de Naples, les brises des pins sur les collines de Rome, les pêcheurs de Sorrente ou de Gaete, les jeunes filles des îles et les bergers des montagnes baignées du soleil de la Méditerranée, chantent bien autrement que les vagues de la Seine, les boues de Paris, les pluies de Londres. C'était enlever l'arbre à son sol, l'insecte au soleil de son bourdonnement, le génie local à son inspiration naturelle et continue. Ce conseil a coûté, je n'en doute pas, de bien suaves mélodies au monde des sons.

Rossini, comme le rossignol, a cessé de chanter dans son été; il s'est retiré dans sa force et dans sa gloire; il a toujours monté, et n'a pas voulu descendre; mais il y a aussi de la recherche dans ce repos prématuré. L'instrument de Dieu doit résonner jusqu'à ce qu'il se brise; ce n'est pas à lui de dire: « C'est assez! » c'est au maître divin.

Maintenant, Rossini vit heureux, riche et indifférent, à Bologne; et, moi, j'essuie encore les ondées, les orages et les poussières du chemin de la vie! S'il lit jamais ces lignes, qu'il donne un souvenir au jeune étranger du salon de la duchesse d'Albe, comme j'envoie un perpétuel hommage au plus délicieux génie du temps.

UNE VISITE

A L'ABBAYE DE VALLOMBREUSE

Il y avait dans ce temps-là à Florence un Français, ancien proscrit de Toulon, que l'incendie de sa patrie et la crainte de l'échafaud révolutionnaire avaient jeté tout enfant avec sa famille en Toscane. C'était un homme d'une beauté noble et calme, une pensée douce incarnée dans une forme mâle et gracieuse à la fois. Ses yeux bleus et ses cheveux blonds, déjà légèrement teints de neige, rappelaient l'homme du Nord. Sa taille était élevée, ses membres souples, son costume soigné, quoique simple et révélant presque la gêne.

Son accent était timbré, sonore, argentin, comme ces mots de métal dont la langue toscane est composée; il n'avait jamais revu sa patrie depuis 1793.

Lorsque la restauration des Bourbons fut accomplie, on lui fit une petite pension d'émigré, dont il vécut; il avait mangé jusque-là le pain de l'exil, que le Dante trouvait si amer; quelques petits secours du gouvernement toscan lui étaient venus en aide. A l'époque où je le connus, il avait environ cinquante ans; mais l'apparence était d'un homme de trente. La candeur de l'âme conserve le corps, son esprit était celui d'un enfant.

Le marquis de Maisonfort l'avait attaché en qualité de chancelier à la légation de France; après la mort du marquis de Maisonfort, je l'élevai de quelques degrés dans la hiérarchie; il avait tous les détails de l'ambassade. Nous ne tardâmes pas à nous lier d'une véritable amitié : il était botaniste, j'étais poëte; nous nous touchions de près par cette nature qu'il étudiait et que je chantais, mais que nous aimions d'une même passion tous les deux; il connaissait Florence bien mieux qu'un Florentin, car il n'avait pas eu autre chose à faire, pendant les trente plus belles années de sa vie, qu'à étudier cette ville de l'art; il n'y avait pas dans la ville et dans les campagnes environnantes un site, une villa historique, un couvent, une chapelle, une statue, un tableau, qu'il n'eût visité, noté, enregistré. C'était le cicerone du siècle de Médicis, de Boccace et de Dante; jusqu'à Alfieri et à Nicolini, il savait tout; il était pour moi l'histoire vivante; la poussière de ces siècles et de ces galeries m'entrait ainsi par tous les pores, il jouissait de me communiquer son patriotisme artistique pour Florence et pour les Toscans.

C'est avec lui que je visitai Vallombreuse, abbaye monumentale, grande Chartreuse de l'Italie, bâtie au sommet des Apennins derrière un rempart de rochers, de précipices, de torrents, et de noires forêts de sapins. Cependant la beauté du ciel italien et la douceur du climat laissent, à ce séjour de l'ascétisme abrité du monde, un caractère habitable et même délicieux : c'est la retraite, ce n'est pas la torture des sens; c'est la solitude, et ce n'est pas la mort. Des façades majestueuses, des portiques retentissants, des corridors hauts, larges, sonores, pavés de marbre; des chapelles tapissées de bronze et d'or; des appartements décents, pour les étrangers; des cellules recueillies, mais à grandes ouvertures et à grands horizons sur le ciel et sur les montagnes, pour les moines; des pelouses peuplées de génisses et de chèvres blanches; des colonnades végétales d'arbres à la verdure permanente; des eaux dormantes ou jaillissantes dans les jardins; des souffles doux et harmonieux des deux mers, qui viennent se rencontrer et se fondre sur ces hauteurs intermédiaires entre l'Adriatique et la Méditerranée, font de Vallombreuse une habitation d'ermites, que le monde peut envier. Aussi, tous les grands poëtes et tous les grands artistes de l'Italie y sont-il venus tour à tour chercher un asile temporaire contre les misères, contre les désespoirs ou contre les proscriptions dont la vie des hommes mémorables est presque toujours travaillée.

On y montre la cellule de Boccace, celle de Dante, celle de Michel-Ange, celles des différents proscrits des maisons rivales qui se disputèrent la liberté ou la tyrannie pendant les luttes des républiques du moyen âge.

Grâce au nom de M. Antoir et à sa familiarité avec les moines, qui reconnaissaient en lui un visiteur de tous les étés, nous fûmes bien reçus à Vallombreuse; on nous donna une gracieuse hospitalité : une cellule au midi, un pain savoureux, le miel et le beurre des montagnes, le poisson des viviers, et surtout les sentiers libres de ces solitudes. Ces journées, passées avec la mémoire de tant de grands hommes malheureux, au-dessus de l'horizon des agitations terrestres, en compagnie d'un homme né philosophe, dans la confidence de ces arbres, de ces murs, de ces eaux, de ces déserts bourdonnant de végétations, de sources, de vol d'insectes, de rayons et d'ombres, me laissèrent une longue et forte impression de recueillement et de rafraîchissement dans l'âme. Je m'en suis souvenu en écrivant, dix ans après, les sites de Valneige, dans le petit poëme de *Jocelyn;* la figure de M. Antoir se retrouve aussi dans celle de ce pauvre prêtre.

Nous redescendîmes en laissant là-haut des regrets. Les moines, sachant par mon compagnon que j'étais un poëte français, me prièrent d'écrire mon nom sur leur registre d'étrangers; j'y écrivis les vers de *l'Abbaye de Vallombreuse.*

La solitude à deux ouvre l'âme. M. Antoir avait un secret dans sa vie. Le secret de tout Italien, c'est un amour. Il aimait depuis vingt ans une Florentine de la bourgeoisie, sans fortune comme lui. Ainsi que tous les soupirants de ce pays de la constance, où le sentiment se change en culte, il portait chaque matin un bouquet de fleurs à la fenêtre grillée de la maison qu'habitait sa Béatrice. Il passait toutes les soirées avec elle et avec ses sœurs, en famille, et les conduisait à la promenade dans ces beaux bois routés qui bordent l'Arno. Ils s'étaient interdit le mariage, de peur de laisser après eux des enfants dénués de biens et de patrie. Leur amour n'était qu'une amitié passionnée, une habitude douce, une résignation à deux dans la douleur. La pureté de ce sentiment en avait conservé la fraîcheur : ils se voyaient toujours à vingt ans.

Quelques années après, je fus assez heureux pour fixer le sort d'Antoir, et pour le rassurer sur son avenir. Il épousa celle qu'il aimait. Je fus le témoin de son bonheur tardif. Il acheta une petite maison et un petit jardin sur la poétique colline de Fiesole, le Tibur de Florence ; il y transporta ses herbiers, ses tableaux, ses recueils de dessins des grands maitres florentins, qu'il avait amassés pendant quarante ans avec une patience et une ponctualité de cénobite ; il y cultiva ses légumes et ses fleurs, content de peu, dans le sein de la nature, de l'amour, de la prière. La solitude à deux était sa vocation ; il l'avait atteinte à la fin ; sa nature était trop timide, trop délicate, trop facile à froisser, pour supporter le rude contact des événements, des choses, des hommes. On sentait en lui l'exilé condamné à baisser le front, et à chercher en vain sa place, dès son enfance, parmi les étrangers ; dépaysé partout, portant sa seule patrie dans son cœur.

Dieu le laissa jouir quelques années de son bonheur et de son jardin de Fiesole ; puis il mourut, laissant un souvenir doux à tout le monde. Sa femme m'écrivit, pour me dire l'adieu qu'il m'avait adressé par elle en partant, et pour me renvoyer mes vers. Si je revois jamais les collines de Fiesole, que j'ai si souvent montées avec lui en récitant des vers de Dante, en écoutant les aventures de Bianca Capello, j'irai chercher son nom sous quelque dalle du campo-santo de ce village, et m'entretenir de lui avec celle qu'il a tant aimée.

LES ESPRITS DES FLEURS

I

Voyez-vous de l'or de ces urnes
S'échapper ces esprits des fleurs,
Tout trempés de parfums nocturnes,
Tout vêtus de fraîches couleurs?

II

Ce ne sont pas de vains fantômes
Crées par un art décevant,

Pour donner un corps aux aromes
Que nos gazons livrent aux vents.

III

Non, chaque atome de matière
Par un esprit est habité ;
Tout sent, et la nature entière
N'est que douleur et volupté!

IV

Chaque rayon d'humide flamme
Qui jaillit de vos yeux si doux ;
Chaque soupir qui de mon âme
S'élance, et palpite vers vous ;

V

Chaque parole réprimée
Qui meurt sur mes lèvres de feu,
N'osant même à la fleur aimée
D'un nom chéri livrer l'aveu ;

VI

Ces songes que la nuit fait naître
Comme pour nous venger du jour,
Tout prend un corps, un âme, un être,
Visible, mais au seul amour !

VII

Cet ange flottant des prairies,
Pâle et penché comme ses lis,
C'est une de mes rêveries
Restée aux fleurs que je cueillis.

VIII

Et sur ses ailes renversées
Celui qui jouit d'expirer,
Ce n'est qu'une de mes pensées
Que vos lèvres vont respirer.

ENTRETIEN AVEC LE LECTEUR

. . . .

L'homme se plait à remonter à sa source; le fleuve n'y remonte pas. C'est que l'homme est une intelligence et que le fleuve est un élément. Le passé, le présent, l'avenir, ne sont qu'un pour Dieu. L'homme est dieu par la pensée. Il voit, il sent, il vit à tous les points de son existence à la fois. Il se contemple lui-même, il se comprend, il se ressuscite et il se juge dans les années qu'il a déjà vécu. En un mot, il revit tant qu'il lui plait de revivre par ses souvenirs. C'est sa souffrance quelquefois, mais c'est sa grandeur. Revivons donc un moment, et voyons comment je naquis avec une parcelle de ce qu'on appelle poésie dans ma nature, et comment cette parcelle de feu divin s'alluma en moi à mon insu, jeta quelques fugitives lueurs sur ma jeunesse, et s'évapora plus tard dans les grands vents de mon équinoxe et dans la fumée de ma vie.

J'étais né impressionnable et sensible. Ces deux qualités sont les deux premiers éléments de toute poésie. Les choses extérieures à peine aperçues laissaient une vive et profonde empreinte en moi; et, quand elles avaient disparu de mes yeux, elles se répercutaient et se conservaient présentes dans ce que l'on nomme l'*imagination*, c'est-à-dire la mémoire, qui revoit et qui repeint en nous. Mais, de plus, ces images ainsi revues et rapeintes se transformaient promptement en sentiment. Mon âme animait ces images, mon cœur se mêlait à ces impressions. J'aimais et j'incorporais en moi ce qui m'avait frappé. J'étais une glace vivante qu'aucune poussière de ce monde n'avait encore ternie, et qui réverbérait l'œuvre de Dieu ! De là à chanter ce cantique intérieur qui s'élève en nous, il n'y avait pas loin. Il ne manquait que la voix. Cette voix que je cherchais et qui balbutiait sur mes lèvres d'enfant, c'était la poésie. Voici les plus lointaines traces que je retrouve au fond de mes souvenirs presque effacés des premières révélations du sentiment poétique qui allait me saisir à mon insu, et me faire à mon tour chanter des vers au bord de mon nid, comme l'oiseau.

J'avais dix ans ; nous vivions à la campagne. Les soirées d'hiver étaient longues. La lecture en abrégeait les heures. Pendant que notre mère berçait du pied une de mes petites sœurs dans son berceau, et qu'elle allaitait l'autre, sur un long canapé de velours d'Utrecht rouge et râpé, à l'angle du salon, mon père lisait. Moi, je jouais à terre à ses pieds avec des morceaux de sureau que le jardinier avait coupés pour moi dans le jardin ; je faisais sortir la moelle du bois à l'aide d'une baguette de fusil. J'y creusais des trous à distances égales, j'en refermais aux deux extrémités l'orifice, et j'en taillais ainsi des flûtes que j'allais essayer le lendemain avec mes camarades les enfants du village, et qui résonnaient mélodieusement au printemps sous les saules au bord du ruisseau, dans les prés.

Mon père avait une voix sonore, douce, grave, vibrante, comme les palpitations d'une corde de harpe, où la vie des entrailles auxquelles on l'a arrachée semble avoir laissé le gémissement d'un nerf animé. Cette voix, qu'il avait beaucoup exercée dans sa jeunesse en jouant la tragédie et la comédie dans les loisirs de ses garnisons, n'était point déclamatoire, mais pathétique. Elle empruntait un attendrissement d'organe et une suavité de son de plus, de l'heure, du lieu, du recueillement de la soirée, de la présence de ces petits enfants jouant ou dormant autour de lui, du bruit monotone de ce berceau à qui le mouvement était imprimé par le bout de la pantoufle de notre mère, et par l'aspect de cette belle jeune femme qu'il adorait, et qu'il se plaisait à distraire des perpétuels soucis de sa maternité.

Il lisait, dans un grand et beau volume relié en peau et à tranche dorée (c'était un volume des œuvres de Voltaire), la tragédie de *Mérope*. Sa voix changeait d'accents avec le rôle. C'était tantôt le tyran cruel, tantôt la mère tremblante, tantôt le fils errant et persécuté; puis les larmes de la reconnaissance, puis les soupçons de l'usurpateur, puis la fureur, la désolation, le coup de poignard, les larmes, les sanglots, la mort, le livre qui se refermait, le long silence qui suit les fortes commotions du cœur.

Tout en creusant mes flûtes de sureau, j'écoutais, je comprenais, je sentais; ce drame de mère et de fils se déroulait précisément tout entier dans l'ordre d'idées et de sentiments le plus à la portée de mon intelligence et de mon cœur. Je me figurais Mérope dans ma mère; moi dans le fils disparu et reconnu, retombant dans ses bras, arraché de son sein. De plus, ce langage cadencé comme une danse des mots dans l'oreille, ces belles images qui font voir ce qu'on entend, ces hémistiches qui reposent le son pour le précipiter ensuite plus rapide, ces consonnances de la fin des vers qui sont comme des échos répercutés où le même sentiment se prolonge dans le même son, cette symétrie des rimes qui correspond matériellement à je ne sais quel instinct de symétrie morale cachée au fond de notre nature, et qui pourrait bien être une contre-empreinte de l'ordre divin, du rhythme incréé dans l'univers; enfin cette solennité de la voix de mon père, qui transfigurait sa parole ordinairement simple, et qui me rappelait l'accent religieux des psalmodies du prêtre le dimanche dans l'église de Milly; tout cela suscitait vivement mon attention, ma curiosité, mon émotiou même. Je me disais intérieurement : « Voilà une langue que je voudrais bien savoir, que je voudrais bien parler quand je serai grand. » Et, quand neuf heures sonnaient à la grosse horloge de noyer de la cuisine, et que j'avais fait ma prière et embrassé mon père, je repassais en m'endormant ces vers, comme un homme qui vient d'être ballotté par les vagues sent encore, après être descendu à terre, le roulis de la mer, et croit que son lit nage sur les flots.

Depuis cette lecture de *Mérope*, je cherchais toujours de préférence les ouvrages qui contenaient des vers, parmi les volumes oubliés sur la table de mon père ou sur le piano de ma mère, au salon. *La Henriade*, toute sèche et toute déclamatoire qu'elle est, me ravissait. Ce n'était que l'amour du son, mais ce son était pour moi une musique. On me faisait bien apprendre aussi par cœur quelques fables de la Fontaine; mais ces vers boiteux, disloqués, inégaux, sans symétrie ni dans l'oreille ni sur la page, me rebutaient. D'ailleurs, ces histoires d'animaux qui parlent, qui se font des leçons, qui se moquent les uns des autres, qui sont égoïstes, railleurs, avares, sans pitié, sans amitié, plus méchants que nous, me soulevaient le cœur. Les fables de la Fontaine sont plutôt la philosophie dure, froide et égoïste d'un vieillard, que la philosophie aimante, généreuse, naïve et bonne d'un enfant : c'est du fiel, ce n'est pas du lait pour les lèvres et pour les cœurs de cet âge. Ce livre me répugnait ; je ne savais pas pourquoi. Je l'ai su depuis : c'est qu'il n'est pas bon. Comment le livre serait-il bon? l'homme ne l'était pas. On dirait qu'on lui a donné par dérision le nom du *bon la Fontaine*. La Fontaine était un philosophe de beaucoup d'esprit, mais un philosophe cynique. Que penser d'une nation qui commence l'éducation de ses enfants par les leçons d'un cynique? Cet homme, qui ne connaissait pas son fils, qui vivait sans famille, qui écrivait des contes orduriers en cheveux blancs pour provoquer les sens de la jeunesse, qui mendiait dans des dédicaces adulatrices l'aumône des riches financiers du temps pour payer ses faiblesses ; cet homme dont Racine, Corneille, Boileau, Fénelon, Bossuet, les poëtes, les écrivains ses contemporains, ne parlent pas, ou ne parlent qu'avec une espèce de pitié comme d'un vieux enfant, n'était ni un sage ni un homme naïf. Il avait la philosophie du sans-souci et la naïveté de l'égoïsme. Douze vers sonores, sublimes, religieux d'*Athalie*, m'effaçaient de l'oreille toutes les cigales, tous les corbeaux et tous les renards de cette ménagerie puérile. J'étais né sérieux et tendre; il me fallait dès lors une langue selon mon âme. Jamais je n'ai pu, depuis, revenir de mon antipathie contre les fables.

Une autre impression de ces premières années confirma, je ne sais comment, mon inclination d'enfant pour les vers.

Un jour que j'accompagnais mon père à la chasse, la voix des chiens égarés nous conduisit sur le revers d'une montagne boisée, dont les pentes, entrecoupées de châtaigniers et de petits prés, sont semées de quelques chaumières et de deux ou trois maisonnettes blanchies à la chaux, un peu plus riches que les masures de paysans, et entourées chacune d'un verger, d'une haie vive, d'une cour rustique. Mon père, ayant retrouvé les chiens et les ayant remis en laisse avec leur collier de grelots, cherchait de l'œil un sentier qui menait à une de ces maisons, pour m'y faire déjeuner et reposer un moment, car nous avions marché depuis l'aube du jour. Cette maison était habitée par un de ses amis, vieil officier des armées du roi, retiré du service et finissant ses jours dans ces montagnes natales, entre une servante et un chien. C'était une belle journée d'automne. Les rayons du soleil du matin, dorant de teintes bronzées les châtaigniers, et de teintes pourpres les flèches de deux ou trois jeunes peupliers, venaient se réverbérer sur le mur blanc de la petite maison, et entraient avec la brise chaude par une petite fenêtre ouverte encadrée de lierre, comme pour l'inonder de lumière, de gaieté et de parfum. Des pigeons roucoulaient sur le mur d'appui d'une étroite terrasse, d'où la source domestique tombait dans le verger par un conduit de bois creux, comme dans les villages suisses.

Nous appuyâmes le pouce sur le loquet; nous traversâmes la cour; le chien aboya sans colère et vint me lécher les mains en battant l'air de sa queue, signe d'hospitalité pour les enfants. La vieille servante me mena à la cuisine pour me couper une tranche de pain bis, puis au verger pour me cueillir des pêches de vigne. Mon père était entré chez son ami. Quand j'eus mon pain et mes pêches dans mon chapeau, la bonne femme me ramena à la maison rejoindre mon père.

Je le trouvai dans un petit cabinet de travail, causant avec son ami. Cet ami était un beau vieillard à cheveux blancs comme la neige, à l'aspect militaire, à l'œil vif, à la bouche gracieuse et mélancolique, au geste franc, à la voix mâle, mais un peu cassée. Il était assis entre la fenêtre ouverte et une petite table à écrire, sur laquelle les rayons du soleil, découpés par les feuilles d'arbre, flottaient aux ondulations du vent, qui agitait les branches du peuplier comme une eau courante moirée d'ombre et de jour. Deux pigeons apprivoisés becquetaient les pages d'un gros livre ouvert sous le coude du vieillard. Il y avait sur la table une écritoire en bois de rose avec deux petites coupes d'argent ciselé, l'une pour la liqueur noire, l'autre pour le sable d'or. Au milieu de la table, on voyait de belles feuilles de papier vélin blanc comme l'albâtre, longues et larges comme celles des grands livres de plain-chant que j'admirais le dimanche à l'église sur le pupitre du sacristain. Ces feuilles de papier étaient liées ensemble par le dos avec des nœuds d'un petit ruban bleu de ciel qui aurait fait envie aux collerettes des jeunes filles de Milly. Sur la première de ces feuilles, où la plume à blanches ailes était couchée depuis l'arrivée de mon père, on voyait quelque chose d'écrit. C'étaient des lignes régulières, espacées, égales, tracées avec la règle et le compas, d'une forme et d'une netteté admirables, entre deux larges marges blanches, encadrées elles-mêmes dans de jolis dessins de fleurs à l'encre bleue. Je n'ai pas besoin d'ajouter que ces lignes étaient des vers. Le vieillard était poëte; et, comme sa médiocrité n'était pas aussi dorée que celle d'Horace, et qu'il ne pouvait payer à des imprimeurs l'impression de ses rêves champêtres, il se faisait à lui-même des éditions soignées de ses œuvres en manuscrits qui ne lui coûtaient que son temps et l'huile de sa lampe ; il espérait confusément qu'après lui la *gloire tardive*, comme disent les anciens, la meilleure, la plus impartiale et la plus durable des gloires, ouvrirait un jour le coffret de *cèdre* dans lequel il renfermait ses manuscrits poétiques, et le vengerait du silence et de l'obscurité dans lesquels la fortune ensevelissait son génie vivant. Mon père et lui causaient de ses ouvrages pendant que je mangeais mes pêches et mon pain, dont je jetais les miettes aux deux pigeons. Le vieillard, enchanté d'avoir un auditeur inattendu, lut à mon père un fragment du poëme interrompu. C'était la description d'une fontaine sous des châtaigniers, au bord de laquelle des jeunes filles déposent leurs cruches à l'ombre, et cueillent des pervenches et des marguerites pour se faire des couronnes; un mendiant survenait et racontait aux jeunes bergères l'histoire d'Aréthuse, de Narcisse, d'Hylas, des dryades, des naïades, de Thétis, d'Amphitrite, et de toutes les nymphes qui ont touché à l'eau douce ou à l'eau salée. Car ce vieillard était de son temps, et, en ce temps-là, aucun poëte ne se serait permis d'appeler les choses par leur nom. Il fallait avoir sous son chevet un dictionnaire mythologique, si l'on voulait rêver des vers. Je suis le premier qui ait fait descendre la poésie du Parnasse, et qui ait donné à ce qu'on nommait la Muse, au lieu d'une lyre à sept cordes de convention, les fibres du cœur de l'homme, touchées et émues par les innombrables frissons de l'âme et de la nature.

Quoi qu'il en soit, mon père, qui était trop poli pour s'ennuyer de mauvais vers au foyer même du poëte, donna quelques éloges aux rimes du vieillard, siffla ses chiens, et me ramena à la maison. Je lui demandai en chemin quelles étaient donc ces jolies lignes égales, symétriques, espacées, encadrées de rose, liées de rubans, qui étaient sur la table. Il me répondit que c'étaient des vers, et que notre hôte était un poëte. Cette réponse me frappa. Cette scène me fit une longue impression; et, depuis ce jour-là, toutes les fois que j'entendais parler d'un poëte, je me représentais un beau vieillard assis près d'une fenêtre ouverte à large horizon, dans une maisonnette au bord de grands bois, au murmure d'une source, aux rayons d'un soleil d'été tombant sur la plume, écrivant entre ses oiseaux et son chien des histoires merveilleuses, dans une langue de musique dont les paroles chantaient comme les cordes de la harpe de ma mère, touchées par les ailes invisibles du vent dans le jardin de Milly. Une telle image, à laquelle se mêlait sans doute le souvenir des pêches, du pain bis, de la bonne servante, des pigeons privés, du chien caressant, était de nature à me donner un grand goût pour les poëtes, et je me promettais bien de ressembler à ce vieillard et de faire ce qu'il faisait quand je serais vieux. Les beaux versets des psaumes de David, que notre mère nous récitait le dimanche en nous les traduisant pour nous remplir l'imagination de piété, me paraissaient aussi une langue bien supérieure à ces misérables puérilités de la Fontaine, et je comprenais que c'était ainsi qu'on devait parler à Dieu.

LES PAVOTS

I

Lorsque vient le soir de la vie,
Le printemps attriste le cœur;
De sa corbeille épanouie
Il s'exhale un parfum moqueur.
De toutes ces fleurs qu'il étale,
Dont l'amour ouvre le pétale,

Dont les prés éblouissent l'œil,
Hélas ! il suffit que l'on cueille
De quoi parfumer d'une feuille
L'oreiller du lit d'un cercueil.

II

Cueillez-moi ce pavot sauvage
Qui croît à l'ombre de ces blés;
On dit qu'il en coule un breuvage
Qui ferme les yeux accablés;
J'ai trop veillé ; mon âme est lasse
De ces rêves qu'un rêve chasse.
Que me veux tu, printemps vermeil ?
Loin de moi ces lis et ces roses !
Que faut-il aux paupières closes ?
La fleur qui garde le sommeil !

SUR UNE PAGE

PEINTE

D'INSECTES ET DE FLEURS

I

Insectes bourdonnants, papillons, fleurs ailées,
Aux touffes des rosiers lianes enroulées;
Convolvulus tressés aux fils des liserons;
Pervenches, beaux yeux bleus qui regardez dans l'ombre;
Nénufars endormis sur les eaux; fleurs sans nombre;
Calices qui noyez les trompes de cirons;

II

Fruits où mon Dieu parfume avec tant d'abondance
Le pain de ses saisons et de sa providence ;
Figue où brille sur l'œil une larme de miel ;
Pêches qui ressemblez aux pudeurs de la joue ;
Oiseau qui fais reluire un écrin sur ta roue,
Et dont le cou de moire a fixé l'arc-en-ciel !

III

La main qui vous peignit en confuse guirlande
Devant vos yeux, Seigneur, en étale l'offrande,
Comme on ouvre à vos pieds la gerbe de vos dons.
Vous avez tout produit, contemplez votre ouvrage !
Et nous, dont les besoins sont encore un hommage,
Rendons grâce toujours, et toujours demandons !

UNE CONSPIRATION

27 janvier 1851.

Jusqu'à présent, et avec une obstination de confiance que les événements n'ont pas démentie en trois ans, je vous ai dit : « Moquez-vous des coups d'État, des complots, des attentats prétendus du pouvoir exécutif, des légitimistes, des orléanistes, des démagogues même, contre la République. Il n'y a pas de petite trame possible contre la souveraineté du peuple bien constituée; il n'y a pas de filet de parti assez large pour prendre, par surprise, le suffrage universel. Consolidez votre République, modérez les passions populaires qui couvent toujours plus ou moins longtemps sous la cendre chaude des révolutions, perfectionnez jour par jour votre Constitution, rétablissez le travail par la confiance rendue aux capitaux, afin qu'ils se répandent en entreprises et en salaires; fermez la bouche aux murmures des classes souffrantes à force de justice, d'assistance, de bienfaits; maintenez la paix extérieure, dont l'humanité n'a pas moins besoin que le peuple; attendez patiemment et sans trouble que l'époque de reviser constitutionnellement quelques mauvais articles de votre Constitution et de votre loi électorale arrive. Faites alors ce que voudra le pays, s'il veut quelque chose ! et, en attendant, riez des paniques qu'on vous inspire, et fiez-vous à votre pouvoir exécutif, ou plutôt fiez-vous à la force des choses, qui ne lui interdit pas moins que sa conscience de trahir ou de confisquer la République ! »

Oui, voilà ce que je vous ai dit jusqu'ici, et vous voyez si j'ai eu raison de vous redire ce grand mot de *Confiance!* le mot que je vous ai dit le lendemain du 24 février, le mot sauveur de la France et de la République.

II

Et maintenant, et pour la première fois, je vous dis avec la même certitude le mot de DÉFIANCE, le mot de péril de la République, de la patrie, de la société ! le mot redoutable : CONSPIRATION !...

Oui, conspiration sans conspirateurs si vous voulez ; mais conspiration la plus dangereuse de toutes, conspiration involontaire, conspiration sourde, conspiration anonyme contre la République, qui vous pèse, mais qui vous sauve tous depuis votre soudaine révolution ! conspiration des orléanistes, conspiration des légitimistes, conspiration des bonapartistes, conspiration des partis militaires, conspiration des ambitieux de ministères, conspiration des agitateurs parlementaires, conspiration des candidats à la dictature, conspiration des convoiteurs de pouvoir suprême, conspiration des envies contre les supériorités naturelles, conspiration des ressentiments, des situations perdues, conspiration des rancunes, conspiration des coteries, conspiration des petitesses, conspiration des impuissances, conspiration des ennemis de la République contre son repos ; et, pour comble de stupidité et de péril, conspiration des républicains personnels eux-mêmes contre la République !

Oui, conspiration de l'aveuglement et de la sottise, où l'on a vu ce phénomène non encore vu jusqu'ici, cette bouffonnerie, permettez le terme, je n'en trouve pas d'autre qui rende mon impression ; cette bouffonnerie des partis soi-disant républicains allant prendre conseil, allant prendre leur mot d'ordre et la boule de leur vote de la main des amis avoués de la monarchie d'Orléans et couvrant de leurs huées et de leur incrédulité les conseils et la voix des amis et des fondateurs de la République.

III

Aussi qu'est-il arrivé ? Le sol tremble, l'esprit se trouble, les majorités se brisent, les minorités tombent en poussière, les partis modérés, les seuls qui fondent les gouvernements, disparaissent, la Constitution, attaquée des deux côtés à la fois, s'ébranle, les ministères s'élèvent et tombent comme des vagues depuis quinze jours ; le pouvoir exécutif cherche en vain, dans chaque parti praticable ou dans des fusions patriotiques des divers partis, des hommes qui puissent composer ensemble ministères ou majorités. La conspiration rit de son impuissance et lui dit : « Trouve, si tu peux; nous t'en défions maintenant! nous nous appelons *coalition!* Nous nous appelons *coalition* pour détruire ensemble toute combinaison de pouvoir exécutif; nous nous appelons *coalition* pour voter ensemble l'mpossibilité de gouvernement! nous nous appelons *coalition* pour réunir dans un même vote toutes les oppositions, toutes les haines, toutes les bêtises, toutes les passions contre toi; mais, du moment qu'il faut prêter base et force à un gouvernement quelconque, nous changeons de nom, et nous nous appelons DIVISION!

Oui, la conspiration s'appelle aujourd'hui coalition.

IV

Il faut vous expliquer d'abord ce que c'est qu'une *coalition*, et quelle est la différence entre une alliance loyale et une coalition perverse, entre les partis, dans un parlement. Je vais vous l'expliquer, non par des explications, mais par des exemples. Les faits parlent bien mieux que des mots.

Je me connais en coalition. Je les ai combattues trois fois sous les monarchies; je les combats sur le même terrain et sur les mêmes principes aujourd'hui. Daignez m'écouter.

V

En 1829, une coalition parlementaire comme celle d'hier se forma entre les ultra-royalistes et les ultralibéraux qui voulaient, les uns dominer seuls, les autres renverser la Restauration et Charles X, le roi de 1829.

M. de Chateaubriand, M. Royer-Collard, M. Hyde de Neuville, royalistes, donnent la main et prêtent des discours, des passions et des votes à l'opposition la plus envenimée contre les Bourbons. L'opposition rend le même funeste service aux royalistes. C'est le même concert touchant que nous avons vu il y a quelques jours dans les séances qui ont signalé la coalition du 13 janvier. Les élections se font par ce mutuel concours de deux partis qui se détestent, mais qui s'entr'aident méchamment pour en renverser un troisième. Les élections ainsi faites donnent la majorité à l'opposition. La Chambre fait une adresse menaçante à la royauté. Les royalistes ont la sottise et la perversité de voter cette adresse avec les ennemis du roi. Charles X est acculé à l'abîme, il répond par un défi absurde, au lieu de répondre par une sagesse. Le feu prend à sa faible intelligence et se communique au pays. La révolution de Juillet éclate, le sang coule, la monarchie s'exile, l'usurpation de famille s'empare du trône au lieu de prendre la tutelle de l'héritier innocent, le pays est en émeutes, le travail en chômage, le crédit en crise, les partis en lutte pendant huit ans. A la fin l'ordre commence à se rétablir tant bien que mal sur un faux principe, celui de la royauté illégitime. Mais enfin la royauté constitutionnelle règne, et la nation s'abrite même sous un gouvernement irrégulier. On arrive à 1838.

Alors, une coalition parlementaire acharnée se forme, sous prétexte de gouvernement personnel; tout comme hier : mêmes mots, mêmes choses, mêmes noms, mêmes hommes; M. Thiers, M. Guizot, M. Dufaure, M. Garnier-Pagès, M. Berryer, chacun honorable dans son caractère et dans son opinion, tous adversaires les uns des autres dans leurs tendances. Ils se précipitent ensemble à l'assaut du soi-disant gouvernement personnel, ils mettent en pièces le ministère constitutionnel du roi. Moi seul alors, comme aujourd'hui, quoique étranger à la monarchie de Juillet, que j'ai toujours refusé de servir, mais ému par le danger du pays et par l'immoralité de ces coalitions où chaque parti séparé dit la vérité, mais où leurs boules réunies disent un mensonge, moi seul, je combats pour M. Molé et la prérogative du roi, que je ne connais pas, contre ces coalisés; ils triomphent, M. Molé tombe avec la prérogative constitutionnelle du roi; le lendemain, le gouvernement est impossible. La coalition, qui n'a que des pensées contraires, se dissout, le pays se divise, les émeutes recommencent, la guerre étrangère est presque allumée par M. Thiers en Orient; les cabinets sont brisés, la politique prend le vertige, enfin un des coalisés les plus compromis dans l'agression faite à la couronne, M Guizot, est obligé de se démentir; il rompt, avec un grand détriment pour l'unité de son caractère, le pacte avec ses complices de coalition ; il est obligé de prendre un pouvoir difficile qui ne pouvait aboutir qu'à une révolution. Nous marchons visiblement aux abîmes.

VI

Mais les partis coalisés et éconduits par M. Guizot trouvent que nous n'y marchons pas assez vite. Ils reforment, en 1847, une coalition plus âpre et plus désespérée contre ce ministre et son gouvernement. Ils sonnent ensemble dans les journaux qui leur appartiennent, dans les tribunes qu'ils agitent, dans les banquets du *Cadran-Bleu* et des départements, le tocsin d'une agitation suprême. Moi-même, quoique dans l'opposition alors, et quoique sans lien et sans goût pour le gouvernement de Juillet, je combats de ma parole et de ma plume cette confusion des partis opposés d'où ne peut sortir que chaos et non redressements. La coalition court la France; le pays prend la fièvre; le ministère est assez insensé pour ne pas satisfaire par une loi à la réforme et au droit régulier de réunion; il défie le parlement; le parlement, offensé, proteste; le trône de Juillet croule sans un seul défenseur, en un jour. Sur chaque pierre sous laquelle il est enseveli, bien aveugle est celui qui ne sait pas lire : COALITION.

VII

Voilà donc, je le repète, trois gouvernements minés, sapés, écroulés sous trois révolutions!

Et maintenant, en voici une quatrième contre un autre gouvernement, contre un gouvernement plus faible et plus jeune d'années, la République.

Et vous ne voulez pas qu'en retrouvant les mêmes acteurs en scène, les mêmes manœuvres en jeu, les mêmes petites passions en colère, les mêmes discours à frais communs et les mêmes mains s'applaudissant en attendant qu'elles se déchirent, vous ne voulez pas que nous soyons émus, avertis, alarmés, tremblants, pour la République et pour le peuple conduit une quatrième fois aux abimes, et à des abimes mille fois plus sans fond que ceux de 1829, de 1840, de 1848...? vous ne voulez pas que nous déchirions le rideau mille fois trop transparent d'une conspiration contre la paix publique? Allez! vous pourrez nous vaincre, grâce à l'inexplicable crédulité ou à l'involontaire complicité de certains hommes! vous pourrez nous vaincre; mais vous n'aurez pas du moins la satisfaction de nous avoir trompés! Nous voyons aussi clair dans votre jeu qu'on peut voir clair dans les ténébreuses machinations des partis, et qu'on peut discerner la vérité sur des physionomies à tant de faces!

Montrons au peuple ce que nous entendons par cette conspiration sans conspirateurs.

VIII

Où en étions-nous il y a quelques jours? Au calme, au crédit, au travail, au commerce, à l'espérance. En deux mots, la République constituée et représentative se fondait. L'horizon était libre. Nous allions, sans inquiétude grave, à une révision pacifique de la Constitution par une assemblée constituante, si le pays et l'Assemblée jugeaient cette révision opportune; ou bien à une seconde élection d'un pouvoir exécutif en 1852. Élection ou révision que le président actuel de la République aurait à subir et qu'il subirait, je n'en doute pas, sans révolte et constitutionnellement comme le le pays.

Donc, la République se fondait; le peuple et les classes aisées s'y apprivoisaient dans leur intérêt commun.

Ce n'était pas l'affaire des ennemis envenimés de la République. Il leur fallait un orage.

IX

Pour un orage, il faut un nuage. On le sait à la Chambre comme à l'Opéra. Remontons donc un peu plus haut, et voyons où la conspiration sans conspirateurs amoncelait son nuage.

Et, d'abord ne flattons personne et soyons francs, même contre les pouvoirs que nous voulons sauver, car leurs premiers dangers, ce sont leurs fautes. Ne les déguisons donc pas, ces fautes, ni à leurs yeux, ni aux yeux du pays.

X

Le président de la République s'appelle Napoléon. Nous l'avons dit vingt fois, même à la tribune, c'est une gloire, mais c'est un malheur! Si Washington se fût appelé du nom d'un Tudor, d'un Brunswick ou d'un Stuart, l'Amérique aurait eu bien plus de peine à se fier à lui; on eût toujours montré du doigt à ses ennemis le prétendant sous le fondateur de la République.

Ce nom commandait au président de la République Louis-Napoléon une réserve, une prudence, une abnégation qu'il a dans son cœur d'honnête homme, mais qu'il n'a pas suffisamment affichée dans les premiers temps de sa magistrature républicaine. De là quelques ombrages entre les républicains et lui. Je dis entre les républicains et lui, car les royalistes avaient, au contraire, patronné sa candidature. Ils l'avaient présentée au peuple comme une sorte de dictature semi-monarchique destinée à désavouer et à humilier la République.

Ces ombrages tombèrent bientôt et devaient tomber devant le serment prêté par le président, d'être fidèle au mandat du peuple qui lui imposait le devoir de préserver l'institution républicaine de tout excès, de tout désordre et de toute usurpation, même de la sienne. Ces ombrages devaient tomber bien plus depuis son message, second serment à la République.

Ainsi marchèrent les choses plus ou moins droit, mais républicainement et paisiblement, jusqu'au moment où l'Assemblée législative s'absenta au mois d'août 1850, et où le président de la République entreprit ses voyages dans les départements. Dans ces voyages, dans ces revues, dans ces banquets, son attitude (il faut le déplorer) tint un peu plus du prince que du premier magistrat d'une République. Son langage, quelquefois très-élevé, comme à Lyon, rappela trop souvent ailleurs le neveu de l'empereur, et l'héritier d'un pouvoir sans transmission.

Les cris de « Vive l'empereur! » ne furent pas assez hautement, sinon punis, du moins réprouvés de la voix et du geste. Enfin les revues de Paris, les banquets des sous-officiers à l'Élysée, la célèbre revue de Satory surtout, présentèrent quelque menace indirecte et involontaire aux susceptibilités du pays. Un général fut destitué après avoir recommandé le silence aux troupes. Ce fut un malheur; nous ne voulons pas l'exagérer. Nous savons bien que le général Neumayer ne fut pas destitué pour avoir repoussé les cris de « Vive l'empereur! » mais pour avoir amorti les acclamations de « Vive le président! vive Napoléon! » Ces acclamations non séditieuses, ces manifestations d'affection et de dévouement, le président croyait peut-être en avoir besoin dans ce moment-là pour intimider des malveillances, des rivalités et des haines qui commençaient à éclater ailleurs. C'est du moins ainsi que je m'explique ces faits étranges, obscurs, blâmables, des revues de Satory. Nous ne donnons cela que comme hypothèse Mais l'hypothèse, si elle était fondée, expliquerait beaucoup d'apparences inexplicables autrement.

XI

Or, pendant ces voyages, ces banquets, ces revues suspectes, que se passait-il d'un autre côté de Paris? Nous avons parlé plus haut d'un nuage, d'un nuage d'où devait sortir un orage; le nuage, c'était la *Commission de permanence.*

Cette Commission, qui remplaçait l'Assemblée, était composée, en y comprenant le bureau et le questure, de trente-six représentants, hommes choisis par la *majorité* de l'Assemblée, parmi les membres les plus accrédités et les plus éminents du parlement, mais non certes pas parmi les plus notoires par leur républicanisme. Nous ne leur en faisons point un reproche; la République, telle que nous l'entendons, n'est pas faite pour les républicains seuls, elle est faite pour tout le monde. Les opinions y sont libres et les sentiments respectés. C'est juste, c'est grand, c'est politique. Il faut que chacun soit maître et fier de sa place sur le terrain commun de la République, et que le cœur même puisse y être royaliste, pourvu que le vote y soit constitutionnel.

Mais enfin le cœur occupe une grande place dans l'organisation humaine, et, quand le cœur déclare franchement qu'il est aux dynasties tombées, on peut, sans calomnier personne, soupçonner l'esprit d'être involontairement influencé par le cœur.

Les membres de la Commission de permanence, à tort ou à raison, n'étaient pas accusés de trop d'entraînement de cœur vers le gouvernement républicain et vers le président de la République. C'étaient M. le général Changarnier, M. Jules de Lasteyrie, M. le général de Saint-Priest, M. Berryer, M. Nettement, M. de Montebello, M. de Lamoricière, M. Léo de Laborde, M. Vesin, M. Casimir Périer, M. Beugnot, M. Molé, M. de Mornay, M. Benoît d'Azy, M. Baze, M. le général Bedeau, M. Dupin, M. de Panat, et quelques autres honorables représentants de nuances plus ou moins caractérisées. Cette Commission avait pour mandat de surveiller les circonstances et de convoquer immédiatement l'Assemblée si quelque danger imprévu ou quelque *symptôme grave* lui paraissait de nature à menacer la République. Or, écoutez.

XII

Il y eut bien un certain nombre de ces représentants membres de la Commission de permanence qui quittèrent leur poste et qui abandonnèrent leur mission de surveillance assidue pour aller où le cœur les poussait.

Mais le symptôme ne parut pas grave à leurs collègues et à leurs amis !...

Il y eut bien quelques-uns de ces membres de la Commission qui, laissant la République à tous les hasards, franchirent les frontières ou passèrent la Manche pour aller rendre des devoirs personnels et s'associer très-honorablement à des deuils et à des obsèques.

Mais le symptôme ne parut pas grave, et, en effet, il n'était que pieux !...

Il y eut bien quelques-uns de ces membres de la Commission de permanence qui allèrent à Wiesbaden républicains, et qui publièrent dans les journaux qu'ils revenaient royalistes.

Mais le symptôme ne parut pas grave !...

Il y eut bien de ces membres de la Commission de permanence qui allèrent ailleurs pour rendre hommage à d'autres droits ou à d'autres affections dynastiques, et qui ne revinrent pas plus républicains sans doute qu'ils n'étaient partis.

Mais le symptôme ne parut pas grave!...

Il y en eut bien qui allèrent composer une véritable cour de l'exil, — la plus généreuse des cours et la plus désintéressée; — qui assistèrent à des ovations de l'avenir peu rassurantes pour le présent; qui présentèrent, comme des chambellans de la Providence, la France future à son roi éventuel; qui... qui... qui...

Mais le symptôme ne parut pas grave. Cette commission avait l'oreille dure et la vue basse; elle ne s'étonnait de rien!

Il y en eut bien qui, avec ou sans l'autorisation sans doute du général commandant l'armée de Paris, firent une cérémonie funèbre dans le palais même des Tuileries, cérémonie très-sainte et très-respectable dans son objet, mais très-hardie dans son local, cérémonie à laquelle ils convièrent les ministres du roi de la dernière dynastie; comme si les Tuileries eussent été une maison patrimoniale et non le palais de la nation et le quartier général de la République ! comme s'il n'y avait pas eu sur toute la terre de France un autre arpent de sol neutre pour dresser un autel et élever la libre et touchante prière du cœur à la mort ! comme si une cérémonie toute semblable à Saint-Germain-l'Auxerrois, en 1831, n'avait pas été le prétexte et le prélude d'un soulèvement, d'une profanation et du sac honteux de l'archevêché sous le gouvernement de cette dynastie qu'on venait ainsi compromettre jusque dans son tombeau !...

Mais ce symptôme, malgré le caractère officiel de ceux qui le permettaient et le caractère officiel du lieu où il était donné, ne parut pas grave !... Cette Commission, cette autorité militaire, ces ministres tombés, ces voyageurs de toute religion, semblaient se dire : « Ne voyons rien; passez-moi un prince, je vous passerai un roi; passez-moi une lettre, je vous passerai une déclaration; passez-moi une auberge en

Allemagne, je vous passerai un palais à Paris!... »

Mais, je vous le répète encore, tout cela n'avait rien de grave, et ces symptômes ne valaient pas la peine d'être regardés!...

Qu'importaient, en effet, ces allées et ces venues des représentants à Wiesbaden, des représentants à Claremont, des représentants de Claremont à Wiesbaden, des représentants de Wiesbaden à Claremont? et ces négociations patentes pour opérer la fusion des deux royautés contre la République? et ces présentations, et ces cérémonies, et ces allocutions, et ces confidences faites en public par des commissaires eux-mêmes, et ce palais livré aux ministres d'un autre gouvernement par des personnages officiels du gouvernement présent? Cela faisait ressembler la Commission de permanence, à quoi? *à un congrès de prétendants*, voilà tout... Ce n'était rien; il n'y avait point là de symptôme grave. La Commission dormait sur cet oreiller rembourré de songes!...

XIII

Elle dormait ? Non, vous vous trompez, elle ne dormait pas tant que vous pensez, et, pendant que les dynasties récentes et seules dangereuses s'agitaient, voyageaient, écrivaient, proclamaient, se concertaient, négociaient, priaient avec ostentation aux Tuileries! savez-vous ce qu'elle faisait, la Commission de permanence?... Elle surveillait l'empire! l'empire tout seul; rien que l'empire; le vieil empire sans empereur! le vieil empire sans héritier, sans dynastie, sans titre, sans droit, sans parti, sans ministres, sans racine; le vieil empire aussi mort, aussi impossible, aussi posthume que les Carlovingiens! car qui dit empire dit empereur, dit monde asservi, dit trônes sous ses pieds, dit Europe désarmée et France muette; qui dit empire dit fantôme de gloire sur lequel quarante ans ont soufflé et dont il ne reste qu'un éblouissement dans les yeux de l'histoire, et pas un élément dans la main du temps !

N'importe, il lui plaisait, à elle, Commission de permanance, de surveiller cette ombre pendant que ces réalités qu'elle ne voulait pas voir lui brûlaient les yeux ! O vigilante Commission de permanence ! oh ! que la République était bien gardée !

XIV

Et comment surveillait-elle l'empire ?

Ah ! vous n'avez qu'à ouvrir les procès-verbaux, c'est un chef-d'œuvre de sagacité et de sollicitude ; il en sort à chaque page une odeur de haute police des mains de tels ou de tels subalternes d'exploitation : ce sont des commérages en rapports, des demi-confidences, des rondes de nuit ; les fantômes d'une soirée d'automne au coin du feu. L'un a entendu dire, l'autre a cru voir, celui-ci s'imagine avoir soupçonné, celui-là s'étonne de n'avoir pas remarqué, tel éprouve le besoin d'interpeller le ministre de la guerre conspirateur pour lui demander bien franchement s'il conspire; tel, de lui faire promettre qu'on ne donnera rien de plus que la ration sèche aux soldats altérés par la marche; tel, qu'on attendra patiemment la prochaine revue pour savoir si vraiment on y confisquera, oui ou non, ce jour-là, la République... quitte sans doute à dénoncer la conspiration après qu'on l'aura laissée s'accomplir ;... enfin des choses prodigieuses de flair et de tact, de logique et de sagacité !

Mais le commandant général des troupes, selon ces procès-verbaux, assiste lui-même à quelques-unes de ces séances, il tranquillise nécessairement la Commission; car il n'aurait qu'à parler et il n'y aurait point de revue; ou bien il n'aurait qu'à se retirer, et sa retraite dénoncerait le péril suprême. Non; on ne convoque rien, on ne dit rien, on se borne à ces chuchotements qui sont les dénonciations du silence!

XV

Eh bien, raisonnons ferme et disons la vérité à la Commission de permanence!

Cette vérité la voici.

De deux choses l'une :

Ou la Commission de permanence a vu des crimes dans les actes du pouvoir exécutif pendant l'absence de l'Assemblée ; et, alors, elle est inexcusable de n'avoir pas à l'instant sonné le tocsin constitutionnel d'alarme et rappelé l'Assemblée, pour venir devancer, affronter, pulvériser le coup d'État ;

Ou la Commission de permanence n'a vu que des fantômes ; et, alors, pourquoi fait-elle chorus avec la coalition rétrospective qui vient dénoncer de soi-disant conspirations du pouvoir exécutif à l'Assemblée, agiter le peuple, semer la panique dans la République, suspendre les affaires, diviser les deux pouvoirs dont l'harmonie nécessaire est la condition de tout bien, dont la lutte est tout mal?

Ou elle a été bien aveugle, cette Commission, il y a deux mois, ou elle est bien muette aujourd'hui ?

Qu'elle réponde si elle peut!

XVI

Elle répondit : « Je me suis tue par générosité. » Et de quel droit une Commission de permanence, chargée d'être en sentinelle devant la Constitution, serait-elle généreuse ? Est-ce qu'un avant-poste chargé de surveiller le péril serait bien venu de ne pas tirer le canon d'alarme ou de ne pas crier aux armes par générosité, en voyant les manœuvres de l'ennemi ?

Est-ce que ce même avant-poste serait bien venu de tirer le canon d'alarme et de crier aux armes en pleine paix et deux mois après le prétendu danger ?

En vérité, la logique de la Commission de permanence n'appartient qu'à elle, ou plutôt c'est l'inconséquence, la logique des passions ou des préventions !

Poursuivons.

XVII

Voilà donc le nuage chargé dans la Commission de permanence. Maintenant, il faut que l'orage crève. Comment va-t-il crever, et sur qui ? comment va-t-il en sortir la monstruosité d'une coalition entre des royalistes qui avouent leur antipathie contre la République et des républicains pressés de se jeter à tous les piéges que le royalisme leur couvre de fleurs de leur goût, c'est-à-dire de dénonciations contre tous les pouvoirs ?

Huit ou dix hommes actifs, habiles, discrets ou éloquents, parmi les chefs de la majorité orléaniste, se prennent tout à coup à notre insu d'une soudaine colère contre le pouvoir exécutif dont ils ont patronné la candidature, dont ils ont possédé seuls le gouvernement depuis deux ans en le poussant avec nous d'abord à l'ordre, c'est vrai, puis à tous les abîmes de la contre-révolution, et jusqu'à l'amputation ingrate de son principe, le suffrage universel. Ces hommes éloquents et consommés s'entendent avec les visiteurs bien inoffensifs de Wiesbaden ; ils leur disent : « Faisons ensemble une petite campagne contre l'empire ; cela amusera notre oisiveté, cela occupera l'attention de l'Assemblée ; cela fera plaisir aux bons républicains de tiers parti, qui nous croiront bien convertis et qui nous applaudiront toujours de renverser au moins quelque chose ! »

Et les légitimistes répondent : « Pourquoi pas ? Un pouvoir exécutif, c'est toujours la moitié d'une république ! renversons ; cela ne peut pas nuire à nos espérances, renversons toujours, nous verrons après.»

Cela dit, des représentants, anciens ministres de la royauté d'Orléans s'élancent à la tribune un beau soir où l'on ne s'attend à rien. Ils déchirent leurs habits comme Antoine après le meurtre de César. Ils s'écrient : « Le pouvoir exécutif vient d'avoir l'audace de faire ce qui est dans son droit, c'est-à-dire de supprimer le commandement de l'armée dictatoriale de Paris, et d'enlever sa confiance officielle à un général qui est justement cher à ses amis. Aux armes ! c'est-à-dire rendons-nous dans nos bureaux, d'urgence, en pleine nuit, et nommons une Commission extraordinaire chargée de nous proposer les résolutions subites et extrêmes que les circonstances peuvent demander ! »

Et les républicains de tiers parti, ébahis, courent au piége comme le bœuf à l'abattoir. Écrivez le mot d'opposition sur quelque drapeau que ce soit, faites-le porter par qui que ce soit, fût-ce par un ministre de toutes les royautés combinées, et ces habitués d'opposition quand même le suivront jusqu'à l'abîme !

Quelques républicains trompés du tiers parti donnent donc la majorité aux ministres de la maison d'Orléans. La Commission propose une résolution de refus de concours du pouvoir législatif au pouvoir exécutif, c'est à-dire la rupture nette et radicale entre les deux forces constituées qui composent la République.

Je m'y oppose en vain avec ces deux cent quatre-vingt-six hommes de bons sens, républicains sensés ou hommes d'ordre. On me hue républicainement à gauche, monarchiquement à droite; un général que j'écoute avec égards va se promener pendant que je parle. Un de ces hommes tolérants qui montrent le poing aux idées et qui haussent les épaules aux convictions indépendantes, daigne m'adresser une de ces apostrophes qui tranchent les discours. Je descends assourdi, non convaincu.

XVIII

Un orateur consommé, l'enfant gâté des coalitions, refait avec les plus légères et les plus charmantes variantes, son discours décennal des quatre coalitions. En changeant le nom de roi contre celui de président, il enlève les républicains de défiance, il les endort, il les caresse, il les séduit, il les intéresse, il les fascine, il les entraîne, il les met au lacet aux sons de cette flûte qui donnait le ton aux orateurs populaires du temps des Gracques. « L'empire est fait, » s'écrie-t-il ; et, quand les républicains charmés ont le pied dans la coalition, l'habile orateur tire la corde. Et moi, je vous dis : — LE TOUR EST FAIT !

XIX

Le tour est fait, citoyens! Mais quel tour? C'est-à-dire que la République est perdue par la main réunie des ministres de la maison d'Orléans et des républicains à courte vue, si vous ne venez pas la sauver de ses habiles ennemis et de ses funestes amis en mettant votre opinion et la patrie dans la balance!

Le tour est fait! c'est-à-dire que le conflit impolitiquement dénoncé au pouvoir exécutif par les coalisés orléanistes et les coalisés républicains, réduit nécessairement la République à une de ces deux extrémités :

Une dictature du président de la République, que Dieu nous en sauve!

Ou bien, une convention de royalistes, sans contrepoids dans le pouvoir exécutif asservi ou emporté!

que Dieu nous en sauve et en sauve la République surtout !

Car ces prétendus républicains du tiers parti ne voient-ils pas à quoi ils réduisent leur République de coterie, leur république de droit divin, leur République sans phrase, leur République sans discussion, leur République brutale comme un fait, leur République de muets, leur République non d'hommes libres, mais de gendarmes !

Ils prétendent la comprendre et l'adorer exclusivement. Nous n'avons pas assez d'intelligence, nous autres, pour en parler; et voilà le sort qu'ils lui font en se coalisant avec les ministres de la royauté contre un pouvoir exécutif qui les sert, mais qui obstrue je ne sais quelle route à leurs pensées.

Ils la réduisent à ceci :

Un pouvoir exécutif annihilé, détruit, emporté, démissionnaire, ou en surveillance sous un général à la discrétion et à la nomination de l'Assemblée. Voilà pour le dehors.

En dedans, une petite minorité de républicains en face d'une immense majorité de royalistes!

Le beau sort que ces républicains de la coalition font là à leur République!

Elle durera longtemps, votre République, n'est-ce-pas, dans cette situation que votre irréflexion lui à faite?

Et vous appelez les républicains des deux pouvoirs, les républicains de la Constitution, les républicains assez intelligents pour voir le piége et assez courageux pour le dénoncer; vous les appelez des apostats et des traîtres? Ah! la pire des trahisons, c'est la trahison du sens commun! le vôtre vous a trahis et vous ne tarderez pas à vous en apercevoir!

Puisse-t-il n'être pas trop tard!

XX

Il y a, j'oserai le dire, dans ce pays-ci, depuis vingt-cinq ans, deux partis dont l'existence est également fatale à la monarchie et à la république, deux partis qui font à eux seuls tout le venin qui ronge à la fois les trônes et les libertés, les rois et les peuples !

Ces deux partis sont, dans l'opinion royaliste, le parti des coalitions depuis 1829 jusqu'en 1851 ! Le parti des ministériels renversant l'échelle quand ils sont aux affaires, et menant le parlement et le journalisme à l'assaut dès qu'ils n'y sont plus. Agitateurs de trônes, briseurs de royautés, dès que ces trônes et ces royautés ne veulent plus être les hochets de leurs mains ! Mais ceux-là, au moins, ils ont l'excuse de leurs ambitions, de leurs fautes, de leurs légèretés, dans leur nature et dans leur mérite ; ils ont de l'imagination, du bon sens, de l'éloquence, des talents, presque du génie ! le génie de l'agitation ! la fièvre. On les craint, mais on ne peut s'empêcher de les admirer en s'affligeant.

XXI.

Dans le parti républicain, c'est la petite fraction qui prend son nom du nom d'un journal. Petite église de dictateurs d'occasion, petit cénacle de sectaires de la République personnelle. Ces hommes concentrent en eux tout ce qui humilie, tout ce qui blesse, tout ce qui repousse enfin les âmes vraiment grandes, vraiment libres dans la nation, et ils ont tous les jours l'audace de dire au pays : « La République, c'est nous ! la démocratie, c'est notre horreur de toute supériorité. L'égalité, c'est le niveau de notre intelligence sur toutes les têtes qui nous dépassent. !

liberté (ainsi que l'a formellement dit avant-hier un homme digne par son honnêteté d'autres apologistes), la liberté, c'est le droit de penser comme nous ! » O âme de Carrel, âme grande et tolérante, où es-tu?...

XXII

Et quels sont donc les titres de ces quatre ou cinq républicains du droit divin d'une secte, pour affecter tant de superbe et tant d'intolérance et pour toiser de si haut tout homme qui vaut un autre homme dans ce pays?

Leurs titres? Ah ! je les connais, et la France aussi.

Cette République qu'ils revendiquent aujourd'hui comme leur propriété personnelle et exclusive, elle s'est faite sans eux ! malgré eux, peut-être ! Ils n'avaient pas même assez d'initiative pour l'accepter, quand elle tombait toute faite du hasard sur leur front ! Ils n'avaient pas même assez de politique pour reconnaître l'opportunité et la nécesité de leur République dans cette poussière des trônes écroulés sous leurs coups!...

Cette République, ils n'ont su que lui proposer des programmes de dictature et de tyrannie qui en auraient fait la dérision et le dégoût de la France, si, dès les premiers jours, on ne l'avait pas arrachée de leurs mains pour la nourrir du lait plus fort de la tolérance et de la discussion, de l'humanité, de la liberté!...

Des hommes circonvenus par leur école, mais meilleurs qu'eux, n'osent-ils pas dire encore aujourd'hui que « tout gouvernement qui permet qu'on discute son principe, est un gouvernement perdu? »

Omar dans l'Orient, saint Dominique en Espagne, lois de septembre en France parlaient ainsi. Hommes à maximes courtes et tranchantes ! ils ne comprendront donc jamais que la beauté et la force d'une république, c'est de pouvoir et de vouloir être discutée, et que tout principe qui ne supporte pas l'examen de la raison humaine, n'est pas un principe, mais une brutalité!

Cette République, ils l'ont vue un jour opprimée par une invasion de démagogues. Qu'ont-ils fait de plus républicain que nous, pendant que Paris se levait de lui-même avec nous pour venger la représentation de la France?

Cette République, ils l'ont gouvernée pendant près d'une année d'une manière absolue, eux et leur parti. Qu'on-ils fait de notre politique au dehors? Qu'ont-ils fait de la plus belle situation nationale et diplomatique où jamais la République ait été portée en cinq mois de modération et de dignité? Qu'ont-ils fait de notre attitude sur les Alpes? Qu'ont-ils fait de notre médiation nationale en Piémont? Qu'ont-ils fait de l'Italie entière? A qui n'ont-ils pas ouvert la route de Rome sans le vouloir, en la découvrant?

Cette République, ils en ont eu la dictature après les journées de juin 1848, journées dont on leur a fait gloire, à eux seuls! le ciel sait avec quelle injustice pour d'autres; car, s'ils ont noblement combattu comme tout le monde, avaient-ils mieux prévu et mieux préparé que ceux qui ont porté en silence tout le poids immérité de l'événement?

Qu'ont-ils fait, après, du gouvernement de la République? Un long état de siége! Qu'ont-ils fait de la répression nécessaire mais limitée après la victoire? Qu'ont-ils fait de la mesure et de la clémence qui devaient borner les châtiments et les jugements à quelques centaines de chefs coupables, en amnistiant et en réconciliant le reste? Ils ont été bons soldats, mais toujours soldats, quand il fallait être hommes d'État.

Voilà les œuvres de ce parti si superbe, si rogue, si dénigrant et si ingrat envers les choses, les idées, les hommes qui n'entrent pas dans le cadre étroit et compressif de leurs petites combinaisons et de leur esprit de secte?...

XXIII

Voilà les hommes qui se jettent dans la première embûche qu'on daigne leur tendre! Voilà les hommes qui fourvoient la République dans une impasse de coalition proposée par leurs adversaires. Voilà le hommes qui, sans le voir, sans le vouloir et sans le savoir, répudient les conseils de leurs seuls amis, prennent conseil de leurs mortels ennemis; qui se croient habiles parce qu'ils sont soupçonneux, et qui préparent à leur cause et à leur pays ce qu'il y a de plus funeste pour un peuple : *une révolution menée par une contre-révolution?*

Ah! le parti *doctrinaire* a perdu deux monarchies! le parti de ces nouveaux doctrinaires de la République, combien perdra-t-il de républiques? Combien perdra-t-il de révolutions?

XXIV

Ah ! j'aime mieux mille fois ces hommes qui siégent sur les bancs plus escarpés de la République, et dont nous sommes séparés par plus d'abîmes. L'abîme, au moins, est visible ! Ces hommes ont plus de passions, mais ces passions sont plus entières ! Ils ont plus d'idées fausses, mais ces idées sont plus impersonnelles et plus dégagées en eux de tout alliage de parti ! Ils nous combattent, mais à ciel ouvert ! Ils nous combattent avec des foudres, quelquefois avec le fer et le feu ; mais ils ne nous combattent pas du moins avec des coalitions et des sophismes ! Ils sont ce qu'ils sont ; des amis fanatiques de la République extrême, des ennemis des républicains modérés ! C'est bien, c'est franc ! c'est la guerre ! et, quand ils demandent une révolution, ils disent : « Révolution ! » On se comprend et on se défend. Mais que le jour des dangers suprêmes se lève pour la République, et on les verra se dévouer sans ambition à la cause qu'ils préfèrent même à leur système et à leurs ambitions!

XXV

Une révolution avec ces hommes-là, on sait ce que c'est, du moins.

Quand le peuple fait des révolutions, lui, ces révolutions sont terribles; j'en excepte une seule, celle du 24 février, où, pour la première fois depuis que le monde est monde, un peuple révolutionné, débordé, absolu, s'arrêta tout seul et fut pendant quatre mois soulevé, au-dessus du sol, au-dessus du crime, au-dessus de lui-même, par l'enthousiasme de sa propre modération.

Oui, quand le peuple fait des révolutions, elles sont

terribles. Elles font trembler le sol; elles bouleversent les sociétés; elles secouent les fondements des empires; elles engloutissent les vies et les intérêts; elles consternent l'humanité. C'est trop vrai! cela doit faire frémir les ambitieux ou les dupes qui y poussent ou qui s'y laissent entraîner par des coalitions comme celle que je combats. Mais, quand le peuple fait des révolutions, il a, ou il croit avoir du moins un but, une idée, une passion, un besoin, une espérance, une illusion, quelque chose enfin; c'est un droit à conquérir, un privilége à abolir, une liberté à saisir, une égalité à constater, une fraternité des classes à fonder, un principe à promulguer sur le monde! C'est faux, ou c'est vrai, comme vous voudrez; ce sera même un songe, si vous voulez encore! Mais enfin le songe est vaste! le but est haut! L'idée est supérieure à de petites considérations; l'illusion même, si c'est une illusion, est grande, passionnée; grande comme le peuple lui-même, passionnée comme lui! cela se déplore, mais cela se comprend ; cela s'explique ; cela vaut la peine ! cela paye la sueur et le sang !

XXVI

Mais une révolution dans une révolution ! mais une évolution par fantaisie ! mais une révolution par caprice ! mais une révolution par vanité de quelques meneurs de groupes parlementaires obéissants dans une assemblée surprise ! mais une révolution par coalition de quelques royalistes tombés et de républicains mécontents ! mais une révolution pour un hochet ! mais une révolution pour voter *la confiance par force* d'un président de république dans tel ou tel général à sa nomination ! mais une révolution par une équivoque ! mais une révolution pour que les vengeurs de la monarchie tombée et les jaloux de la République exclusive se donnent la main dans un mensonge de boules confondues dans une urne !

Ah ! pitié !...

Oui, pitié pour ce peuple qui veut l'ordre et le travail dans la République, et à qui vous arrachez des dents son morceau de pain !

XXVII

Républicains honnêtes et clairvoyants, hâtez-vous de rompre cette fausse apparence de complicité qui perd la République, et de rendre la sécurité au pays. Surveillez, mais aidez votre pouvoir exécutif ! Ne lui demandez plus son nom, mais son œuvre. .

Quant à moi, je sais par expérience que les coalitions portent *inévitablement* dans leurs flancs les révolutions ; et, quand tous les républicains du tiers parti y tremperaient sinon du cœur, au moins du vote, et quand toutes leurs tribunes et tous leurs journaux m'accuseraient de la bêtise de l'impérialisme, de faiblesse ou de trahison, je dirais encore non. Non, mon devoir n'est pas de plaire à la République, mais de la servir! Vous la tuez, vous la menez au piége; eh bien, si elle doit périr, que ce ne soit pas du moins par la main d'un de ses fondateurs!

Et si omnes, ego non!

POST-SCRIPTUM

28 janvier au soir.

I

La coalition l'a emporté. Le ministère a été obligé de se retirer devant les votes contradictoires mais réunis des amis de M. Thiers et des républicains de défiance. Le pouvoir exécutif a vainement cherché un autre ministère. Dans l'impossibilité d'en trouver un dans l'Assemblée, il a fallu, pour l'expédition des affaires, nommer un ministère neutre pris en dehors de l'Assemblée. Ce ministère est composé d'hommes capables, pris parmi les hommes d'élite des diverses administrations. Ces hommes de mérite et de modestie se sont dévoués à ce rôle ingrat mais nécessaire. Les honnêtes gens leur en sauront gré.

Le président de la République a adressé le message suivant à l'Assemblée en lui annonçant, en termes très-mesurés et très-conciliants, ce ministère :

A. M. LE PRÉSIDENT DE L'ASSEMBLÉE NATIONALE LÉGISLATIVE.

« Paris, 24 janvier 1851.

» Monsieur le Président,

» L'opinion publique, confiante dans la sagesse de l'Assemblée et du gouvernement, ne s'est pas émue des derniers incidents. Néanmoins la France commence à souffrir d'un désaccord qu'elle déplore. Mon devoir est de faire ce qui dépendra de moi pour en prévenir les résultats fâcheux.

» L'union des deux pouvoirs est indispensable au repos du pays ; mais, comme la Constitution les a rendus indépendants, la seule condition de cette union est une confiance réciproque.

» Pénétré de ce sentiment, je respecterai toujours les droits de l'Assemblée, en maintenant intactes les prérogatives que je tiens du peuple.

» Pour ne point prolonger une dissidence pénible, j'ai accepté, après le vote récent de l'Assemblée, la démission du ministère qui avait donné au pays, à la cause de l'ordre des gages éclatants de son dévouement.

» Voulant toutefois reformer un cabinet avec des chances de durée, je ne pouvais prendre ces éléments dans une majorité née de circonstances exceptionnelles, et je me suis vu, à regret, dans l'impossibilité de trouver une combinaison parmi les membres de la minorité, malgré son importance.

» Dans cette conjoncture, et après de vaines tentatives, je me suis résolu à former un ministère de transition, composé d'hommes spéciaux, n'appartenant à aucune fraction de l'Assemblée, et décidés à se livrer aux affaires sans préoccupation de parti. Les hommes honorables qui acceptent cette tâche patriotique auront des droits à la reconnaissance du pays.

» L'administration continuera donc comme par le passé. Les préventions se dissiperont au souvenir des déclarations solennelles du message du 12 novembre. La majorité réelle se reconstituera. L'harmonie sera rétablie sans que les deux pouvoirs aient rien sacrifié de la dignité qui fait leur force.

» La France veut avant tout le repos, elle attend de ceux qu'elle a investis de sa confiance une conciliation sans faiblesse, une fermeté calme, l'impassibilité dans le droit.

» Agréez, monsieur le Président, l'assurance de mes sentiments de haute estime.

» LOUIS-NAPOLÉON-BONAPARTE »

II

Cela vous paraît sage, n'est-ce pas? mais ne vous fiez pas aux apparences! Dès que la coalition a connu la nomination de ce ministère et ce message, elle a éclaté de nouveau en murmures et en accusations de déloyauté contre le président. Elle a prétendu que le président avait joué la comédie en feignant, pendant six jours, de chercher un ministère dans l'Assemblée. Elle a dit qu'il voulait humilier cette assemblée en lui envoyant un ministère personnel, neutre, extra-parlementaire, afin de la punir et de la flétrir. Elle a annoncé et demandé de nouvelles interpellations, comme s'il n'y avait pas eu assez de bruit et d'agitation et de suspension d'affaires depuis quinze jours !

Elle s'est accordé ce nouveau plaisir.

La coalition a donc dit aux nouveaux ministres : « Qui êtes-vous ? où nous menez-vous ? d'où venez-vous ? »

Hélas ! si les nouveaux ministres n'avaient pas eu les lèvres closes par la convenance et par le patriotisme, ils pouvaient répondre aux coalisés du parlement gauche et droite : « Nous venons de votre folie ! et vous nous accusez des impossibilités que vous avez créées vous-mêmes. »

III

Et, en effet, ceci est une affaire de bonne foi : où voulez-vous que le président de la République prenne un ministère et une majorité après une coalition qui a pulvérisé les partis organisés dans l'Assemblée ?

Sera-ce à droite? Mais vous l'avez détruite, cette majorité, en la séparant du pouvoir exécutif, attaqué et accusé par vous ? La moitié de votre majorité n'a pas voulu vous suivre dans une révolution d'étourdis : elle a passé dans les 286; ces hommes raisonnables qui ont refusé, comme moi, de renverser un gouvernement pour vous complaire.

Sera-ce dans ces 286 représentants? Mais, parmi ces 286, il y en a autant de gauche que de droite; ils ont eu la même sagesse dans le péril de la patrie, mais ils n'ont pas les mêmes opinions sur la politique courante. Ainsi moi, par exemple, je veux restituer le suffrage universel régularisé, mais entier, à la République, et plusieurs des 286 ont voté la loi du 31 mai.

Sera-ce dans la gauche? Ne voyez-vous pas que cette majorité des coalisés de la gauche est une majorité prêtée aux amis de M. Thiers pour refuser ensemble et dans un même vote leur concours. Mais, une fois cette offense faite en commun au pouvoir exécutif, la majorité apparente de la gauche coalisée n'existe plus. Le général Cavaignac et ses amis ne peuvent pas offrir des ministères à M. Thiers et aux ministres de la maison d'Orléans !

Vous avez donc créé l'impossibilité de gouverner, et vous accusez le pouvoir exécutif de l'impossibilité que vous lui avez faite ! Ce n'est pas seulement ici injustice, c'est dérision ; la dérision même n'est pas française, elle est judaïque, elle est cruelle, elle crie iniquité.

Aussi l'opinion qui a une conscience ne s'y trompe pas, et elle vous blâme !

IV

La France vous blâme, elle vous abandonne et elle vous repousse avec tant de force et tant d'unanimité, que vous n'avez pas osé, hier, pousser la campagne de l'agitation plus loin, et que vous avez laissé tomber vos secondes interpellations sans les soutenir. Après avoir voté le feu, vous avez voté l'eau froide pour l'éteindre, vous avez voté la clôture contre vos propres amis. Hélas ! il était trop tard, le feu avait pris.

Un seul républicain a bien parlé dans tout ceci : c'est M. Mathieu (de la Drôme), hier. Nous le blâmons quand il s'égare dans les détours bordés d'abîmes d'un socialisme dangereux et impraticable ; mais, cette fois, il a marché ferme et droit aux vrais ennemis de la République, sans se laisser intimider ni dévier par la coalition des républicains fourvoyés avec les orléanistes dans une impasse où ils n'auraient jamais dû mettre le pied. L'orateur de la haute gauche a été sensé, nerveux, courageux, éloquent; j'ai reconnu l'accent de la vraie République. Ce n'étaient pas là ces compromis avec soi-même, ces écheveaux embrouillés de circonlocutions, ces précautions oratoires d'une heure, ces remords d'opinion délayés en discours qui nous avaient affligés dans la bouche des républicains mal engagés. La netteté de l'opinion donne de la lumière à la parole. M. Mathieu (de la Drôme) a été, cette fois, un homme politique.

V

En résumé, que résulte-t-il de cette triste campagne de la coalition de 1851 ?

Il en résulte ceci :

Le pays troublé pendant un mois.

Les affaires suspendues.

L'inquiétude jetée par les ennemis de la République et par ses aveugles amis sur la durée de nos institutions, les seules possibles.

Le pouvoir exécutif menacé, outragé et grandi hors de proportion par les imprudents qui ne connaissent pas toute la popularité que donne une injustice !

La majorité, coupée, ressoudée, pleine de ressentiment contre elle-même et prête à se briser de nouveau au premier mouvement.

L'ordre moins assuré, puisque la base chancelle.

Les républicains divisés par l'impéritie de ceux d'entre eux qui ont donné dans le piége des agitateurs de la majorité royaliste. En sapant, autant qu'il était en eux, le pouvoir exécutif, ces républicains-là ont diminué de moitié de sa force la Constitution et la République elle-même. Par répulsion contre un nom d'homme, ils ruinent une institution !...

Un ministère pris en dehors de l'Assemblée, c'est-à-dire émanant moins de la souveraineté représentative.

L'Assemblée elle-même un peu affaiblie et beaucoup impopularisée par une agression impolitique suivie de faiblesse.

Résultat net : abaissement pour tous les partis devant la France, et pour la France elle-même devant l'Europe.

Jouez maintenant le jeu de vos ennemis ! Confondez

vos boules avec les boules de ceux qui votent votre perte ! Recommencez les coalitions !...

Eh bien, vous les recommencerez une fois, deux fois, trois fois, c'est moi qui vous le dis. Quand une Assemblée a fait un seul jour une coalition, elle ne s'appartient plus, sachez-le bien ; elle appartient au hasard ; elle appartient au vertige ; elle est atteinte à mort, quoiqu'elle dure encore. Les tronçons s'agitent sans pouvoir se renouer. Il n'y a plus de corps, il n'y a que des fractions. Il n'y a plus de vie, il n'y a que des convulsions. Vous l'avez voulu !... Mais le peuple est sage et le pays est sain. Le pouvoir exécutif, nous l'espérons, démentira vos accusations par sa fidélité à la République et par sa probité.

Rien n'est perdu !

HYPOTHÈSES

I

Je vous disais il y a peu de jours : « Défiez-vous de la coalition. »

Je vous le répète aujourd'hui.

Ceux qui me lisent avec quelque attention, savent cependant que je ne suis pas un alarmiste. Je n'ai pas cessé, jusqu'ici, de prêcher au peuple la confiance, l'espérance, la patience, la sécurité, tous les sentiments qui pacifient, qui rallient, qui concilient, qui dissipent les soupçons, qui écartent les ombrages mutuels, qui font tendre la main à la main, qui ouvrent les cœurs, qui inspirent le pardon, la bienveillance, la concorde, la bonne volonté réciproque à tous les citoyens. Les hommes se sont moqués de moi à cause de cette disposition à la confiance ; ils m'ont appelé optimiste, c'est-à-dire crédule et naïf! mais ma conscience et Dieu m'ont consolé. Inspirer la défiance et la colère aux citoyens dans les temps où l'union peut seule les sauver, c'est un mauvais acte; je dis plus, c'est une exécrable politique. Il y a assez de bouches envenimées et assez de journaux agitateurs pour vous souffler les ombrages, les calomnies, les discordes, les accusations, les vertiges contre vos pouvoirs républicains : à chacun son rôle. Les vipères font du poison, et les abeilles font du miel. Les soupçons et les haines sont le poison des peuples. Laissons pétrir ce venin à d'autres.

II

Mais, s'il ne faut pas, comme ces journaux et ces partis, éveiller sans cesse la République en sursaut, en lui disant : « Prends garde, ne dors pas, ne travaille pas, ne vends pas, n'achète pas, ne sème pas, ne moissonne pas ! Voilà ton pouvoir exécutif qui conspire ! Voilà ton président qui usurpe ! Voilà ton premier magistrat qui trahit ! Voilà un nom qui gronde l'empire ! Voilà un mot ambigu dans un discours ! Voilà un geste suspect dans l'attitude d'un héritier de César ! Voilà un cri malsonnant sorti de la bouche d'un vétéran en voyant un profil napoléonien ! Voilà un sabre, un uniforme, un dîner, une revue, un coup d'État ! » que sais-je ? il ne faut pas non plus endormir la République sur des dangers d'une autre espèce ; il ne faut pas que, sous prétexte de surveiller l'empire, le vieil empire posthume et impossible, l'empire risible en 1852, il ne faut pas que le parti mal inspiré des républicains, uni par je ne sais quelle passion commune avec le parti des agitateurs parlementaires, perde le peuple, la patrie, la société pour satisfaire ses ombrages, ou pour assouvir son monopole de domination sur la République ! il ne faut pas que ce parti substitue ses insatiables intérêts d'importance exclusive à l'intérêt de la nation ! il ne faut pas qu'il se fasse le levier systématique de la division entre les deux pouvoirs ! il ne faut pas que ce petit schisme puisse servir tour à tour, tantôt les orléanistes, tantôt les démagogues, tantôt ceux-ci, tantôt ceux-là, toujours les ennemis de la concorde et de l'affermissement des institutions ! il ne faut pas que, sous couleur de craindre l'empire, il précipite la France dans une troisième anarchie.

III

Assez d'anarchie comme cela pour un demi-siècle ! La République des honnêtes gens nous en a sauvés, restons-y et améliorons-la. Quant à moi, le seul service que je puisse rendre encore à cette République, c'est de la défendre contre les agitations malfaisantes de ce petit groupe de despotes de la République. Ils ne comptent pas par le nombre, car ils ne sont pas dix dans leur bureau d'opinion ! Ils ne comptent pas par l'éclat, car ils n'ont pas produit un homme d'État ! Ils ne comptent pas par la polémique, car ils tranchent d'un mot les raisons ! Ils ne comptent pas par les idées, car ils proscrivent la discussion ! Ils ne comptent pas par le prestige, car on les a vus au pouvoir autour du second gouvernement de la République, hélas ! et qu'a-t-on vu de grand, si ce n'est la perte, en quinze jours, de la grande situation que la République française avait prise au dehors; la suppression de toutes les libertés sous un arbitraire de famille; leurs candidatures à la présidence si mal menées et si antipathiques par la forme à la susceptibilité publique qu'il en est sorti sous leurs auspices malheureux, quoi? la candidature d'un prince! précisément ce qu'ils appellent, eux, l'empire!

Voilà ce que nous leur devons, à eux, et ils nous reprochent, à nous, leur ouvrage! Un gouvernement sans vues! une politique à tâtons!... Le beau titre pour se faire aujourd'hui les puritains de la République!... Eux!... qui n'ont su que conseiller, le jour de leur avénement, l'emprisonnement de leur collègue éminent en journalisme M. de Girardin! eux! qui ont rivé le premier écrou de la liberté de la presse!...

Mais, si cette école rogue et intolérante du journalisme dénigrant ne compte ni par le nombre, ni par le génie, ni par la discussion, ni par la presse, ni par la modestie, ni par l'abnégation, ni par la magnanimité, ce signe des hommes d'État, elle compte par l'importance, cette fausse grandeur de l'infériorité! elle compte par la personnalité, cette contre-épreuve de la faiblesse! elle compte par le dénigrement, cette passion de l'insuffisance! elle compte par les alliances qui la nouent avec tout ce qui la sert; elle multiplie par le mouvement perpétuel et par les volte-faces de ses tactiques, le nombre qui lui manque et l'autorité qu'elle voudrait avoir!

Eh bien, voilà ces puritains de la République dont il faut combattre les inspirations et le despotisme, aujourd'hui, en s'exposant sans masque et la poitrine découverte à leurs coups, pour sauver les institutions en danger.

« Ils ne sont pas dix, nous dit-on; que voulez-vous qu'ils fassent? » Mais les girondins n'étaient pas dix, et ils ont perdu la République en la divisant! Mais les terroristes n'étaient pas dix, et ils ont déshonoré la

Révolution en l'ensanglantant! Mais les conspirateurs orléanistes n'étaient pas dix, et ils ont perdu la monarchie de la Restauration, en l'irritant jusquà la démence! Mais les doctrinaires n'étaient pas dix, et ils ont perdu la monarchie de Juillet en se coalisant avec les radicaux de la Chambre. Qu'importe que la petite clientèle du *National* soit composée de dix ou de cent, si les républicains trompés ou intimidés la suivent dans une tactique funeste à la démocratie et au pays, et s'ils mènent la République au piége derrière eux? Que la République soit perdue par un, par dix ou par cent, en sera-t-elle moins perdue? Et la nation en retombera-t-elle moins dans un abîme de révolutions sans issue?

IV

Eh bien, oui, la République est dans un de ces dangers non encore apparents, mais suprêmes, qui forcent les hommes les plus muets, comme le fils de Crésus, à qui le danger de son père délie la langue, à parler, à désigner, à accuser! Le danger vient tout entier de la fausse manœuvre de ces hommes, il faut le leur dire en face. Nous avons fait tous les sacrifices de personnalité à la paix; mais la guerre maintenant, puisqu'ils la veulent!... La guerre, puisqu'ils la font à la concorde!... la guerre, puisqu'ils disent guerre à tout ce qui n'est pas eux!... la guerre, puisqu'il n'y a plus de réticence ni de paix possible avec une si aveugle et si incorrigible opinion. Je dirai à cette faction de la République ce que Phocion disait à Antipater: « Je ne puis pas être à la fois ton flatteur et ton ami! »

V

Oui, ce sont ces huit ou dix hommes qui font en ce moment tout le mal.

Qu'importe, en effet, que les dynasties des première,

seconde et troisième races pétitionnent l'empire, la royauté traditionnelle ou la royauté usurpée dans des programmes confidentiels ou publics, communiqués à la France par leurs correspondants à Paris? On parle de lettres arrivant ou devant arriver des divers conseils des prétendants à la couronne? Depuis quand brigue-t-on un trône par correspondance et par fondés de pouvoir. Rendez grâces au bon esprit de la République, qui permet qu'on le brigue ainsi et qui défend qu'on le brigue autrement? Quel progrès de tolérance et de bon sens public qu'un gouvernement qui permet à toutes les royautés écartées du trône de tendre la main par-dessus les frontières à la souveraineté de raison et de discussion du suffrage universel, de lui rendre hommage par cette reconnaissance tacite de sa toute-puissance, et de lui dire : « Examinez mes titres, voyez ma date, écoutez mes patrons, prêtez l'oreille à mes orateurs, jugez ma cause, admettez ou rejetez mes prétentions et mes doctrines. »

Cela ne rappelle-t-il pas tout à fait les rois de Pont ou de Bithynie, venant ou envoyant plaider leur cause devant le sénat de Rome, dont ils se faisaient les clients, et demandant le trône par la voix d'Hortensius ou de Cicéron? Je me trompe, cela est bien plus beau et bien autrement généreux de la part de la République; car ce trône que les prétendants sollicitent ainsi du suffrage universel de la France, c'est le trône même de la France! On l'estime assez, cette souveraineté nationale, pour lui dire à elle-même : « Découronne-toi pour me couronner. »

Voilà du nouveau en civilisation et en liberté. Il y a dix ans, on aurait insulté, emprisonné, persécuté de pareils actes et de pareils pétitionnaires; aujourd'hui, on lit, sans se troubler, les messages de l'exil, qui seront bientôt, nous l'espérons, datés de France. On les loue, on les discute, on applaudit leurs orateurs. Le suffrage universel se sent si fort et si sûr de son droit, qu'il ne se fâche de rien. Gloire au temps!

Oui, des regrets, des respects, des rapatriations à leur heure, des fortunes immenses et inviolables sur le sol, tout ce qu'ils voudront, tout ce que la France bien inspirée doit vouloir; mais des trônes, non! ils engloutissent.

VI

Et quel danger y a-t-il même dans ces fusions des deux dynasties dont on ne cesse de nous entretenir, comme de la victoire suprême selon les uns, comme de la catastrophe finale selon les autres? Elle ne s'accomplira jamais, cette fusion; car les dynasties ne s'amnistient jamais les unes les autres quand il y a un trône entre elles dans le passé, et quand il y a, en remontant plus haut, le ressentiment de deux révolutions qui les sépare. Mais, quand bien même cette fusion s'accomplirait pour un jour, et quand les deux dynasties confondraient leurs prétentions pour traiter de nous, sans nous et contre nous, plus à l'aise, qu'en résulterait-il? Ce pacte de famille leur donnerait-il un droit ou un partisan de plus? Voulez-vous que je vous dise la vérité? Eh bien, non, cela diminuerait, au contraire, la force de chacune de ces deux dynasties séparées; car les partisans de la légitimité pure et incorruptible ne lui pardonneraient pas de bon cœur ce commerce de droit et ce trafic de trône avec cette illégitimité, cette usurpation, cette révolution de 1792 et cette révolution de Juillet qu'ils ont appris à détester, à incriminer et à maudire en naissant; le pacte de famille ne serait pas plus tôt conclu à l'étranger entre les princes, qu'il serait contesté, exécré, maudit et lacéré à l'intérieur par les partisans jaloux, scandalisés et ombrageux des deux familles! Montrez-moi un pareil traité de paix dans l'histoire! La nature proteste et les cœurs ne ratifient pas.

VII

D'un autre côté, la royauté d'usurpation et d'illégitimité dans la maison d'Orléans perdrait à cette fusion son seul titre. C'est la royauté révolutionnaire! c'est la royauté solidaire de 1792 et de 1830! ôtez-lui ces deux titres, qu'est-ce qui lui reste? Le jour où elle abdique la Révolution, elle abdique son droit au trône et ses titres populaires à la faveur des ennemis de la légitimité! En revenant sous le drapeau de la branche aînée, elle revient contrite, humiliée, repentante, dépopularisée, subalternisée pour un trône! elle a perdu son prestige et son pavois. Elle participe à l'impopularité d'un principe et d'un entourage qui ont fait tomber trois fois la Restauration légitime.

Ces grands négociateurs de fusion croient fortifier les deux principes en les amalgamant, ils les neutralisent l'un par l'autre, voilà tout. Chacun des deux est plus fort de sa propre nature. Dormez en repos sur ces fusions ; elles n'ajoutent rien au danger.

VIII

Et quel danger y a-t-il même dans cette majorité actuelle composée d'anciens royalistes des deux branches, réunis par un coup de vent de réaction dans l'Assemblée nationale? Aucun. Ne voyez-vous pas qu'ils sont, en effet, les plus nombreux, mais qu'ils sont emprisonnés dans la République? Véritables otages du suffrage universel, ne pouvant sortir de l'Assemblée, où ils sont les maîtres, sans trouver la République à la porte, où le suffrage universel règne à son tour sur eux?

C'est la monarchie prisonnière entre les quatre murs de la République. Cette majorité se regarde, se compte, se félicite, se remue, parle, fronde, accuse, injurie même tant que cela lui plaît les institutions qui la froissent ; mais, une fois qu'elle s'est donné ces plaisirs innocents, dont la République a le bon esprit de la laisser jouir, cette majorité regarde dehors, et elle se reconnaît captive dans sa Constitution ! Un autre coup de vent électoral la modifiera d'esprit et de nombre, et la République, non plus forte mais plus logique, au lieu d'avoir une représentation de royalistes, aura une représentation de républicains modérés ou du moins de républicains de raison ! Voilà ce qui se passerait et ce qui se passait avant la coïncidence malfaisante de l'opinion du *National*.

Quoi de perdu donc pour la République sans ce parti ?

IX

Mais les partisans de la restauration de la dynastie usurpatrice savaient bien ce qu'ils avaient à faire et quels préjugés de cœur ou quelles cécités d'esprit ils allaient amorcer. Ils ont regardé autour d'eux, et ils se sont dit : « Nous ne pouvons rien ; nous sommes emprisonnés dans la Constitution. » Puis ils ont regardé dans l'opinion en face et ils ont dit : « Nous sommes sauvés ! Voilà des hommes qui nous donneront la main ou la boule pour briser cette Constitution qui nous emprisonne ! Voilà des hommes qui nous prêteront la réplique, quand nous voudrons jouer le rôle d'opposition radicale et irritée contre le pouvoir exécutif, c'est-à-dire contre la moitié de la Constitution !... Ces hommes que nous avons écrasés, liés, garrottés nous-mêmes hier par la main du pouvoir exécutif un moment séduit ou asservi à nos volontés, ces hommes nous pardonneront tout, pourvu que nous les vengions à notre tour du pouvoir exécutif ! Faisons une coalition tacite avec eux, posons-leur des questions captieuses dans lesquelles ils ne pourront voter contre le pouvoir exécutif, sans voter en même temps par confusion d'idées contre la République, et ils voteront !... et ils entraîneront !... et ils saperont leur propre ouvrage !... et ils refuseront concours à leur propre gouvernement constitué, et ils refuseront confiance à leurs propres organes !... et ils déclareront, par six votes de suite, soupçon, opposition, désaffection, irritation, obstination, guerre à leur propre magistrature républicaine ! Et leur propre gouvernement, entravé par leur propre folie, deviendra impossible !... Et le pouvoir exécutif, poussé à bout, fera quelque mouvement gauche ou coupable ! Et le peuple, impatienté de voir ces républicains coalisés se mettre eux-mêmes sous les roues de la République, pour l'empêcher de marcher, s'agitera et tremblera pour soi;

pain !... et il fera un empire de ruisseau ! un Bas-Empire, non de soldatesque, mais de prolétaires affamés ! et ce Bas-Empire durera autant qu'une acclamation du peuple !... et nous serons débarrassés des républicains et de la République !... Et nous mettrons à Vincennes nos complices ébahis de la coalition parlementaire !... Et l'Europe, qui nous regarde, rira, applaudira, nous assistera !... et nous reprendrons nos ministères et nos entrées aux Tuileries sous une longue minorité d'illégitimité monarchique qui nous délivrera de la démocratie !... Et Henri V et ses amis seront tout étonnés de nous voir si bien nous passer d'eux !... Et la duchesse de Berry ne reviendra pas en Vendée, car elle sait comment les fusions traitent les princesses héroïques !... Et cela durera tant que cela pourra !... Et les légitimistes, les bonapartistes, les républicains, les trente millions d'âmes démocratisées, ennoblies par le suffrage universel, puis dégradées par l'abolition de la République, reprendront, séparées ou coalisées, l'œuvre sans repos des révolutions ! Et un accès de communisme secouera les familles, les propriétés, la société jusqu'à l'écroulement, et le monde sera de nouveau en feu !.. Mais alors comme alors, et... gouvernera qui pourra ! »

X

Vous croyez que je calomnie quelqu'un, n'est-ce pas? Vous pensez que je me moque du sens commun et de vous? Vous dites en vous-mêmes : « Mais comment se trouverait-il de prétendus républicains assez aveugles ou assez suicides pour se prêter, même innocemment, à une coalition si démasquée avec les orléanistes contre la République, sous prétexte de faire de l'opposition personnelle au pouvoir exécutif, au pouvoir exécutif qui porte au moins la moitié du gouvernement de la République? Cela ne se peut pas ! les hommes ne se trahissent pas eux-mêmes ainsi ! car enfin, le pouvoir exécutif entravé ou renversé, il est bien visible que leur République va s'écrouler sur eux !... A quoi donc penseraient-ils ? Un enfant ne ferait pas ces puérilités ! »

XI

Eh bien, mes amis, avant d'avoir passé seize années de ma vie dans les assemblées, avant d'avoir connu par expérience les coalitions, les inconséquences, les contre-sens, les bêtises, les perversités des petits groupes parlementaires dominés par la colère ou par l'ambition, j'aurais raisonné comme vous ; j'aurais dit : « C'est impossible ! »

Et cependant cela est ! Oui, cela n'est pas possible, et cela est vrai ! Oui, il s'est trouvé, il se trouve dans le parti du journalisme puritain cinq ou six hommes assez peu clairvoyants ou assez emportés par la prévention contre je ne sais quoi pour prêcher dans leur journal la guerre personnelle au pouvoir exécutif de la République, et pour engager les républicains impartiaux de l'Assemblée à voter le refus de concours à leur propre gouvernement ! et il se trouve des mains pour confondre leurs boules avec les boules des orléanistes ennemis-nés de leur République !

Vous me direz : « Mais ces républicains faisaient sans doute des restrictions mentales ou même verbales; car enfin leur vote n'avait pas la même intention que les votes des orléanistes. »

C'est vrai ! Mais il avait dans l'urne la même signification. Il disait : « Refus de confiance et de concours, guerre commune au gouvernement ! »

Et ce vote avait dans le pays le même effet; il séparait l'Assemblée du pouvoir exécutif; il paralysait le gouvernement, il tuait la République !

Et, malheureusement, cette petite fraction du *National* se groupant et manœuvrant autour de quelques noms considérés dans les assemblées a entraîné dans cette fausse manœuvre une grande partie des républicains impartiaux de l'Assemblée, très-innocemment fourvoyés sur leurs traces! et le gouvernement s'est immobilisé tout à coup, comme une pendule dont les ressorts sont arrêtés par un grain de sable. Le grain de sable, c'est cette imperceptible faction d'écrivains égarés, faction funeste aux monarchies, funeste aux républiques!

Et la République est en danger!

Et la patrie est en danger!

Et la société elle-même est en danger!

Car la République, croyez-moi, n'est pas un caprice de système; c'est la dernière forme de l'ordre, de la France, de la propriété! Hommes de mauvais conseil! c'est la seconde fois depuis la Révolution qu'ils mettent la République à deux doigts de sa perte.

Je ne crains pas de vous le dire, si les républicains impartiaux continuent à suivre ces cinq ou six guides qui ont eux-mêmes sur les yeux le bandeau de leur propre importance; c'en est fait! prenez le deuil de votre République! elle est étouffée entre deux intrigues par la main de ses dangereux sectaires et de ses ennemis naturels et habiles, elle devient Convention ou usurpation orléaniste! et, après, elle devient anarchie, lutte de prétendants et de communistes! guerre extérieure et guerre intestine! Sauvez, sauvez la République constitutionnelle, la République des deux pouvoirs, ou attendez-vous à tout!

XII

Vous croyez que je charge le tableau? Eh bien, raisonnons.

Faites d'un regard avec moi le tour de l'horizon, et voyez si vous apercevrez un seul point clair par où puisse passer une espérance de bonne solution, dans le cas où cette faction continuerait à entraîner les républicains impartiaux de l'Assemblée dans sa détestable manœuvre de coalition contre le pouvoir exécutif; demandez-leur un peu avec moi : « Voyons, où nous menez-vous ainsi? »

Où on nous mène, citoyens! j'ose vous le dire.

On nous mène à une de ces cinq ou six catastrophes que je vais vous montrer du doigt, là, tout près de vous!

XIII

PREMIÈRE HYPOTHÈSE

Si l'opinion du *National* n'est pas promptement abandonnée par les républicains clairvoyants; si les hommes de ce parti s'obstinent à voter avec les amis des orléanistes, et à refuser concours au pouvoir exécutif, voici ce qui va se passer.

Le pouvoir exécutif ne pourra trouver dans l'Assemblée aucun ministère; car, s'il le prend à droite, la gauche et le centre refuseront confiance. S'il le prend à gauche, la faction du *National* lui refuse concours et le repousse par ses ressentiments et ses accusations, même quand il vient à lui. Si le pouvoir exécutif veut prendre le ministère au centre... Mais il n'y a plus de centre possible. Les hommes du *National*, en déclarant la guerre au pouvoir exécutif, ont détruit le seul centre républicain qui pût porter un ministère. Funeste action qui ne veut pas qu'on gouverne et qui ne peut pas gouverner!...

XIV

De cette impossibilité pour le pouvoir exécutif de trouver un ministère dans l'Assemblée, que résultera-t-il? Faiblesse et stagnation du gouvernement, hésitation de toutes les heures, perte des jours et des mois, grandes et petites affaires suspendues, politique étrangère et intérieure nulle, impatience, agitation, désespoir du peuple! accusation mutuelle des deux pouvoirs, dont chacun dira : « Je me lave les mains du malheur des temps! » Vous savez combien un tel état de choses peut durer en France! C'est l'agonie d'un peuple et d'un gouvernement!

Hommes de vertige, où allez-vous?

XV

SECONDE HYPOTHÈSE

Si l'opinion du *National* continue la coalition contre le pouvoir exécutif, que se produira-t-il encore? Le pouvoir exécutif s'impatientera-t-il? dira-t-il en lui-même : « On me fournit un triste prétexte, un terrible grief de révolte morale contre l'Assemblée? J'ai derrière moi un peuple mécontent de n'être pas gouverné; je vais lui montrer l'obstacle et lui dire : « Débarrassez la route de la République? »

Mais non ! il ne fera pas ce crime! et, en ne le faisant pas, il montrera assez, selon moi, que ces accusations d'empire ou de coups d'État dont on nous alarme depuis deux ans ne sont que l'expression du désir de quelques Cromwell de plume pressés de trouver dans le pouvoir exécutif un coupable, afin d'avoir le droit de remplacer la trahison par la dictature.

XVI

Mais qui peut vous répondre que le pays, lassé, impatienté, poussé à bout, par vos impolitiques refus de concours au pouvoir exécutif, ne prenne pas, un jour ou l'autre, parti pour vous contre lui ou pour lui contre vous, et ne jette pas quelques acclamations irréfléchies et criminelles? Ne savez-vous pas combien la contradiction donne de popularité et combien il est dangereux de caresser le lion à contre-poil? Et, dans cette hypothèse, qu'auriez-vous fait de votre République? Vous auriez été les vrais agents provocateurs de l'empire? Y pensez-vous? Si cela arrivait, la France et la République n'en accuseraient avec raison que vous!

Votre obstination aurait jeté le pays dans la démence, et cette démence, à qui l'histoire l'imputerait-elle, si ce n'est à vous?

XVII

TROISIÈME HYPOTHÈSE

Supposons, au contraire, que le pays tourne son mécontentement contre le pouvoir exécutif et vous aide à le déposer. Que devient l'Assemblée nationale, je vous le demande, sans pouvoir exécutif nommé par le peuple, ou avec un pouvoir exécutif démissionnaire, nommé par le peuple, chassé par vous ?...

Elle devient Convention ! Vous frémissez, et vous avez raison ; car, les royalistes ayant la majorité dans votre Assemblée, votre Assemblée devient Convention contre-républicaine. Elle vous écrase, vous et votre République dans votre coalition ! Le sublime résultat !

XVIII

Mais supposons qu'elle ne vous écrase pas.

Quand vous serez Convention, que ferez-vous? Un Comité de salut public? Mais je vous laisse à penser comment un pays qui trouve à peine assez de durée à la présidence de la République personnifiée dans un magistrat de cinq ans, en trouvera assez dans un Comité de salut public qui changera tous les mois, et où la majorité, en changeant avec les membres de cette oligarchie parlementaire, changera tous les mois aussi, ou tous les jours l'esprit général du gouvernement. Ce sera une boussole sans pôle.

Votre République, dans une nation industrielle et commerciale comme la France, à qui il faut un certain horizon assuré pour ses affaires, ne survivrait pas trois mois à un tel régime; c'est le régime des révolutions et des tempêtes, ce n'est pas celui des démocraties laborieuses, assises et régularisées! Vous feriez perdre haleine au pays à vous suivre ainsi dans votre turbulente mobilité! Savez-vous ce qu'il ferait, le pays? Il ne vous suivrait pas... et il abandonnerait votre République décapitée, autre procédé à l'usage de votre faction pour bien servir la démocratie que vous prétendez avoir faite!...

XIX

QUATRIÈME HYPOTHÈSE

Ferez-vous autre chose après vous être débarrassés du pouvoir exécutif? Oui, je vois bien votre arrière-pensée; vous ferez nommer par l'Assemblée elle-même je ne sais quel chef parlementaire ou militaire du pouvoir exécutif. Vous avez, je le suppose, quelque journaliste, quelque orateur ou quelque général en réserve pour le découvrir tout à coup à l'admiration et à l'obéissance de ces quarante millions d'âmes qui salueront (n'en doutez pas) d'une acclamation servile et unanime le grand homme que vous aurez eu l'indulgence de lui façonner! Quelle bonté! et comme la France sera reconnaissante et empressée! comme ce factieux en chef sera bien reconnu, bien obéi, bien accepté, bien soutenu, bien aimé par ce peuple innombrable à qui vous aurez dérobé violemment son élu quelconque pour lui substituer celui d'une faction de journalistes de Paris!... comme cé chef du peuple, nommé sans le peuple et contre le peuple par une assemblée qui sera peut-être déjà usée dans l'esprit du peuple et qui ne représentera, en tout cas, que la majorité d'une assemblée, au lieu de représenter l'instinct d'une grande masse nationale, sera fort, puissant, incontesté! Quelle autorité majestueuse une pareille dictature, par assis et lever, donnera à votre pouvoir exécutif! à votre gouvernement! à votre loi! Ce ne sera pas l'homme de la France, il est vrai, mais ce sera l'homme de la faction du *National!*... Et vous vous bercez de pareilles illusions sur la puissance de votre parti? et vous croyez que la France, qui veut une démocratie à son image, à la mesure de son intelligence, de sa liberté, de sa grandeur, se rapetissera à votre commandement pour s'accroupir comme une esclave antique dans votre niche de dictature et dans votre cachot de république large comme le bureau de votre journal? et vous croyez que le pays, à qui vous direz : « Je veux que cela soit ainsi, je veux que vous vous courbiez sous cette plume ou sous ce sabre de mon choix ! » vous croyez que ce pays se laissera imposer ce cauchemar sur la poitrine? qu'il ne saura pas respirer malgré vous ?... qu'il ne secouera pas vous et votre petite tyrannie au premier souffle, quand il aura besoin d'un meilleur air?... Ah ! vous vous croyez donc bien adorés, bien précieux, bien nécessaires, bien indispensables, bien populaires dans ce pays ! Que Dieu vous préserve du réveil ! car vous seriez bien vite détrompés. Oui, le jour où le pays subirait de nouveau l'humiliation d'une dictature de parti, il monterait comme une marée ! L'élément démagogique et l'élément royaliste, que vous auriez à la fois soulevés, feraient flotter sur vous, vos plumes et vos sabres, comme une écume dont il ne sentirait seulement pas le poids! le peuple vous recouvrirait de sa toute-puissance d'opinion et de souveraineté; ce serait comme au 24 février 1848, où le peuple ne fut pas plus tôt répandu par vous dans son lit, dans son océan de révolution et de liberté, qu'il éleva un murmure presque unanime contre vous et les vôtres, et que ce peuple vous disputa la porte de sa révolution et de son gouvernement, jusqu'à ce que vous eussiez été présentés, garantis, pris par la main et cautionnés par ceux que vous insultez aujourd'hui avec une si habituelle ingratitude!

XX

Non, si les républicains impartiaux et clairvoyants continuent à vous suivre dans cette guerre folle au pouvoir exécutif de la République, et que vous triomphiez, savez-vous au profit de qui votre triomphe?

Au profit d'un gouvernement extrême quelconque, royalisme ou démagogie, au profit d'un accès de communisme qui vous couvrira des ruines de la République régulière, dont vous sapez les deux pouvoirs en en sapant un. Or, un gouvernement extrême, un accès de communisme dans un pays comme la France en 1852, dans un pays où vingt-huit millions d'hommes donneraient vingt-huit millions de fois leur vie pour leurs foyers, pour leur capital et pour leur salaire, savez-vous ce que c'est? C'est la mort de la République en six semaines! c'est la démocratie reculée d'un siècle par l'horreur que ses désordres lui feraient inspirer.

Votre imprévoyance aurait donc tué ainsi la République pour en gouverner et pour en posséder le cadavre!

XXI

CINQUIÈME HYPOTHÈSE

Si enfin les républicains impartiaux et clairvoyants continuent à vous suivre dans cette guerre antidémocratique au pouvoir exécutif, et si vous parvenez à opérer la rupture entre ce pouvoir et l'Assemblée, savez-vous au profit de qui encore ?

Au profit d'une candidature de prince de la dynastie d'Orléans !...

Voilà où on vous mène ! et vous le savez bien !... oui, vous le savez bien, et c'est là ce qui vous rend sans excuse !... Vous précipitez à tout hasard et par égarement la République dans le piége le plus grossier que ses ennemis aient jamais tendu à un peuple nouvellement républicain.

Comme moi, vous n'avez pas voulu des candidatures

dynastiques au commencement d'une République; vous avez eu peur des noms couronnés au sommet mobile d'une démocratie; cela était sage; vos amis de l'Assemblée constituante et vos coalisés de la droite actuelle ont jugé autrement, le pays a forcé la main à notre prévoyance, l'élection souveraine a voulu un rejeton de gloire populaire pour premier magistrat de la République, nous ne nous sommes pas révoltés contre le suffrage universel, notre souverain et le vôtre. La Providence est plus profonde et plus haute que nos petites pensées; nous l'avons respectée dans ce qui nous contrariait et nous avons dit : « Danger pour danger, il y en a mille fois moins dans ce nom-là que dans un autre. L'empire est une chimère, à moins que la faction du *National* ne le fasse par gaucherie! L'empire n'a point d'héritier, l'empire n'a point de personnel de gouvernement, point de cour, point de ministres derrière lui; il ne pourrait ressusciter que comme un fantôme! Il fondrait au grand air comme ces grands hommes de cire de Curtius, dont il ne reste que le costume quand on les expose au soleil. » D'un autre côté, ce nom est populaire dans les campagnes ; il donnera force et prestige à la République chez les paysans, et, si l'homme qui le porte est un honnête homme et un homme intelligent qui sache préférer les grands rôles neufs aux parodies, cet homme sentira la beauté du rôle ou d'une scène d'un Washington français ! Servons-nous de son nom, puisqu'on nous l'impose; espérons bien de son intérêt personnel, et prémunissons, au moyen de ce nom, la République contre le danger de noms plus menaçants ! »

Voilà, selon moi, le bon sens. La France l'a eu comme moi ! Tous les républicains politiques l'ont quand ils réfléchissent; mais les républicains du *National* ne l'ont pas, et ils prêtent la main, par un inconcevable acharnement d'erreur, à ceux qui trament une présidence orléaniste !

Leur manœuvre actuelle, intelligente ou non, ne peut aboutir que là !

Or, cela encore, c'est la mort de la République !... Vous voulez donc la tuer, comme César, de vingt-sept coups de poignard à la fois, tantôt par la main des conflits, tantôt par la main des défiances, tantôt par la main des démagogies, tantôt par la main des dynasties, tantôt par la main des orléanistes, tantôt par la main des républicains ! *Tu quoque, Brute!*

XXII

Mais non, vous n'êtes pas si coupables ! vous ne voulez pas la tuer, vous ne voulez pas la perdre ; vous voulez seulement l'embarrasser. Je vais vous dire ce que vous voulez sans le savoir.

Vous voulez pousser un nouveau candidat princier sur la scène, dans la personne d'un prince, très-honorable, du reste, de la maison d'Orléans ? Et pourquoi ? Pour que cette complication aggrave les difficultés de la France; pour chasser une candidature napoléonienne de rééligibilité, si la Constitution se revise dans son article *rééligibilité* par une candidature orléaniste; pour combattre une dynastie par l'autre, et puis pour combattre ensuite ces deux candidatures dynastiques, dont vous espérez triompher, par la candidature de quelques-uns d'entre vous ! Le beau rêve ! la puissante combinaison de Machiavels à l'école ! la pénétrante connaissance du cœur humain et de l'opinion dans ce pays ! comme il fera beau voir le candidat innomé, quel qu'il soit, que la popularité du *National* nous révélera à son heure, ballotté au scrutin de douze millions d'hommes, de la Bretagne et du Midi, du Nord et du Rhin, entre les souvenirs, les prestiges, les brigues, les influences territoriales des grandes zones monarchiques ou démocratiques se servant des scrutins et des magistratures de la République pour réinaugurer leurs vastes partis!... *Le National* contre trois couronnes! *le National* contre la France! *le National* contre les siècles! *le National* contre la Providence! Venez voir ce combat à forces égales!

Vraiment, on croit rêver soi-même quand on lit dans les rêves de ces fortes têtes voulant combattre les montagnes!

Insensés! vous seriez vaincus avant d'avoir mesuré vos forces. Ce n'est pas avec des rêves qu'on combat des périls pareils pour la République; c'est avec la politique, la raison, l'opinion : la politique, la raison, l'opinion vous disent que vous ne pouvez sauver la République, menacés par les orléanistes d'un côté et par les anarchistes de l'autre, que par l'union de vos deux pouvoirs et par une prompte réconciliation de l'Assemblée avec son premier magistrat républicain! Là est le salut, l'ordre, le travail, l'apprivoisement du pays à la démocratie gouvernementale. Tout le reste est faible, faux, ruineux, mortel à vous, à nous et surtout au pays! Tout le reste, c'est-à-dire tout ce que vous faites depuis deux mois, tout ce que vous conseillez, tout ce que vous rêvez, tue la République. C'est entre vous et elle une question de vie et de mort!

Voilà pourquoi je vous combats et je vous combattrai; je vous combattrai plus que si vous étiez ses ennemis avoués; car, si vous étiez ses ennemis avoués, le pays se défierait de vous, et vous laisserait tout seuls! Mais vous êtes ses prétendus amis exclusifs, mais vous êtes ses faux guides et ses faux prophètes; en vous suivant, le pays croit suivre la République, et il ne suit que le sentier tortueux d'une petite faction qui mène sa République à la mort! *Vitam impendere vero.*

XXIII

Je sais bien que vous me dites : « Mais le pouvoir exécutif a fait des fautes ! mais il a laissé trop résonner autour de lui, au commencement, le titre de neveu de l'empereur ! mais il a trop laissé battre le rappel des opinions antirépublicaines sur son nom ! mais il a trop concédé aux ressentiments monarchiques et aux partis hostiles à vous et à nous ! mais il a eu des ministères qui nous répudiaient ! mais il a laissé présenter des lois qui nous mutilaient ou nous reniaient ! »

Qui vous dit le contraire? Et ne l'ai-je pas dit avant vous et aussi haut que vous ? Mais parce que l'on désapprouve et que l'on combat tel ou tel ministre, telle ou telle tendance de gouvernement qui se trompe, telle ou telle mesure funeste, telle ou telle loi malfaisante d'une administration (comme celle du 31 mai, par exemple), est-ce une raison pour déclarer une guerre maladroite à son pays, la guerre sans yeux, la guerre irréconciliable, le refus de concours, la lutte systématique entre les deux pouvoirs nécessaires et constitués dont la République se compose? Est-ce une raison pour mutiler la République elle-même et pour voter non du même cœur, mais de la même boule avec ses ennemis?

XXIV

Vous avez été gouvernement neuf fois, vous ou vos amis. Croyez-vous que votre gouvernement me plaisait? croyez-vous que j'approuvais tous ses actes? croyez-vous que j'applaudissais à sa politique étrangère quand il répudiait celle qui avait replacé la République dans son attitude inoffensive mais énergique sur les Alpes et partout? croyez-vous que j'applaudissais à ses promptitudes de dictature, à ses écrous de journalistes au secret, à ses brusqueries de main, à ses catégories, à ses états de siége, à ses procédés électoraux, à ses formes hardies de candidatures? Non certes, je n'approuvais pas tout cela! Et cependant je ne déclarais pas refus de concours au gouvernement d'un pouvoir bien intentionné, placé dans une situation difficile, et méritant quelquefois l'approbation, quelquefois l'indulgence, toujours la justice des bons citoyens. Non, je votais contre ses lois; mais je n'attaquais pas son institution. Je ne rompais pas avec un pouvoir public indispensable à la République. Et, quand on me sommait de me joindre à ses ennemis, qui étaient mes amis, pour l'accuser, je disais : « Non; il a pu se tromper, il a pu faillir; mais c'est un pouvoir honnête et nécessaire, et je vois en lui le pays, qui a besoin d'un gouvernement bon ou mauvais avant tout! »

Pourquoi donc ne faites-vous pas de même envers votre pouvoir exécutif aujourd'hui? Est-ce que ce qui est bon pour nous n'est pas assez bon pour les grands citoyens de l'état de siége ? est-ce qu'ils sont d'une autre argile que nous? est-ce que le patriotisme dont nous nous honorons bien, nous vulgaire, les déshonorerait, eux?

XXV

Mais qu'ils regardent donc autour d'eux : est-ce que l'exemple de ce patriotisme, de cette abnégation devant les intérêts de la société et de la République ne leur est pas donné depuis un an par le pays lui-même, mille fois plus désintéressé, plus modéré, plus résigné, plus calme que ceux qui devraient lui donner le modèle des vertus civiques ?

Est-ce que ces quatre cents républicains de toutes nuances, mais sans ambition, qui siégent derrière eux sur les bancs de l'Assemblée, ne leur donnent pas eux-mêmes, en masse, le spectacle de cette réserve et de cet apaisement patriotiques des opinions et des prétentions exclusives nécessaires au salut commun dans la fondation d'une République ?

Est-ce que la Montagne elle-même ne se nivelle pas ?

Est-ce que les socialistes systématiques n'ont pas vu que leurs systèmes effarouchaient la société ? est-ce qu'ils ne les réduisent pas tous les jours davantage à des études d'améliorations pratiques, modérées, inoffensives de leurs théories économiques ?

Est-ce que les démocrates, trop entiers ou trop exclusifs de doctrines dans l'Assemblée, ne transigent pas avec les mœurs, les habitudes, le temps, pour affermir de tous leurs efforts d'abord la République ?

Est-ce que le peuple lui-même, dans le champ, dans l'atelier, dans la rue, ne répudie pas la démagogie et ne donne pas l'exemple, même au milieu de sa gêne, de l'ordre volontaire, de la raison, de la patience et de la paix ?

Est-ce qu'il fait des refus de concours, des déclarations de défiance, des coalitions, lui?

Non! non! il n'y a de trouble que dans ce petit nombre d'agitateurs de plume, de papier et de boules. Tout se modère, tout se prête au temps, tout se concilie, tout s'apaise, tout est patient dans le pays; il n'y a que cette opinion qui n'ait ni patience ni pitié en ce moment en France! Eh bien, il faut que cette petite faction d'agitateurs tue la République, ou que les vrais républicains répudient enfin cette petite faction! Plus de ménagements, il faut se prononcer.

Que l'opinion réfléchisse, et qu'elle se prononce! Elle est notre juge, à vous et à moi! Si elle se prononce pour l'opinion de la secte du *National*, nous rentrons dans le cratère des révolutions! Si elle condamne enfin cette petite église de schismatiques de la démocratie à l'impuissance, l'Assemblée, que vos deux mois d'agitation impolitique ont tronçonnée, reprendra son empire et sa majesté dans le pays; l'harmonie se rétablira entre les deux pouvoirs ; il ne restera plus, en 1852, qu'une chose pour consolider la République : il restera à connaître le véritable esprit, la véritable volonté du peuple, et à établir, par une politique prudente et résolue, la conformité de volonté entre la tête et les membres, entre l'opinion et la représentation.

Là se posera la question de la révision de la Constitution : si le pays la veut et que l'Assemblée la refuse, c'est une révolution ! c'est l'explosion d'un pays sous une Assemblée qui ne l'exprime plus dans sa vérité ; si le pays la veut et que l'Assemblée la vote, c'est la République fortifiée et impérissable.

Nous choisirons.

LA RÉVISION

I

Nous approchons d'une crise pour le pays et pour la société ; chacun y est intéressé pour sa part :

Le pays, pour sa nationalité ;

La société, pour sa conservation et son amélioration ;

Les riches, pour leur biens ;

Les pauvres, pour leur travail ;

Les ouvriers, pour leur salaire ;

Les négociants, pour leur commerce ;

Les agriculteurs, pour leurs champs;

Les royalistes, pour leur sentiment;

Les républicains raisonnables, pour la liberté.

Il est donc naturel que tout le monde y pense, et, comme le salut général ne sortira que de la pensée la plus sage et la plus unanimement adoptée, il est nécessaire qu'on s'en entretienne et qu'on échange de bonne foi ses idées et ses opinions sur ce qu'il y a de mieux à faire pour passer paisiblement et glorieusement ce défilé de 1852.

C'est pourquoi je veux m'en entretenir à cœur ouvert aujourd'hui avec mes lecteurs.

II

Toute la question se résume dans ces deux mots : la Constitution sera-t-elle ou ne sera-t-elle pas revisée? Le meilleur article d'une constitution républicaine, c'est-à-dire d'une constitution perfectible, corrigible et progressive, c'est l'article qui déclare que rien n'est immuable dans les institutions politiques d'un peuple libre, qui porte en lui-même et qui exerce à son heure, quand il le juge convenable, et d'après des vues prévues et réglées, sa propre souveraineté.

Dieu seul est immuable, parce qu'il est infaillible.

Les peuples les plus sages ne le sont pas ; ils peuvent se tromper ; donc, ils doivent pouvoir se corriger.

C'est là le principe de la révision des Constitutions. La Constitution de 1848 a eu le bon sens de le comprendre et de le dire.

L'Assemblée législative est autorisée, dans la dernière année de sa durée, à déclarer, à une majorité des trois quarts des voix, qu'il y a lieu de reviser la Constitution sur tels ou tels articles, et à faire appel à une Assemblée constituante chargée de voter souverainement ces amendements à la Constitution.

Rien n'est donc plus légal et plus constitutionnel que

d'examiner s'il y a lieu pour l'Assemblée législative de demander la révision, et de faire appel au peuple en 1852.

III

Mais cela est-il politique? et cela est-il républicain?

C'est ce qu'il faut discuter.

Discutons-le comme toute chose, sans passion et de bonne foi.

Je vais vous donner les raisons pour et contre, et nous nous prononcerons dans notre conscience après.

IV

Ceux qui paraissent hésiter à consentir, du point de vue républicain, à une révision de la Constitution en 1852 disent :

« La Constitution est vicieuse sur plusieurs points; nous en convenons, nous n'avons pas cessé de le dire à la tribune ou dans nos journaux depuis trois ans; nous avons même notablement affaibli ainsi, dans l'esprit du pays, l'estime et la foi qu'il convient d'avoir pour le pacte fondamental. Le jour où nous soutiendrions à la tribune ou dans nos feuilles que la Constitution de 1848 est parfaite, les murailles même nous donneraient un démenti, et les échos de l'Assemblée nationale s'élèveraient contre nous. Nous leur avons tant dit le contraire !

» Oui, nous convenons que la Constitution est imparfaite et vicieuse sur deux ou trois articles.

» Ainsi le scrutin de liste, qui fait voter les électeurs sur parole et dans les ténèbres, et qui change le mystère de l'élection en loterie, doit être revu pour rendre la lumière, la vérité et la sincérité à la souveraineté du peuple.

» Ainsi, le conflit qui peut placer face à face pendant

quatre ans un président et une Assemblée qui ne s'entendent pas et que personne ne peut déjuger, doit être constitutionnellement vidé. Il faut une solution à ce conflit des deux pouvoirs dans la faculté d'un appel au pays ou dans la voix prèpondérante d'un sénat ou d'un conseil d'État national institué pour cet usage.

» Ainsi, la non-réégibilité du pouvoir exécutif doit être examinée et peut-être effacée de la Constitution. Les Américains, plus démocrates et plus expérimentés que nous en République, ont ri en nous voyant écrire cet article de la non-rééligibilité en 1848; ils se sont dit : « Mais, avec une pareille exclusion, nous n'aurions » pas eu Washington ! Condamner un peuple à ne pas » nommer un président qu'il estime et qu'il aime, et le » condamner à nommer un président qu'il ne veut pas, » c'est attenter à sa souveraineté, et c'est le désaffec- » tionner de sa république même. C'est un pis aller de » pouvoir exécutif qui ferait détester le meilleur des » gouvernements. Mieux vaudrait alors tirer un pré-

» sident au sort; au moins, le sort ne serait une at-
» teinte à la liberté de choix de personne. »

V

« Mais, continuent les hommes hésitants, si la Constitution est imparfaite sur tous ces points, n'y a-t-il pas plus de danger à permettre qu'on la retouche qu'à la conserver avec tous ses vices?

» Car enfin, une fois que nous aurons permis qu'on y touche, qui nous dit qu'au lieu de l'améliorer, on ne la transformera pas? Qui nous répond qu'après avoir évoqué le pouvoir constituant du fond du pays pour perfectionner et solidifier une république, ce pouvoir constituant ne nous donnera pas une monarchie?

» Qui nous dit qu'il ne prolongera pas trop la durée des présidences?

» Qui nous dit qu'il ne nous fera pas un empire?

» Qui nous dit qu'il ne nous rejettera pas dans les mains de cette faction des orléanistes qui, depuis 1789 jusqu'à ce jour, n'a su que renverser les royautés sans pouvoir en asseoir une, et qui, un pied dans le droit héréditaire, un pied dans le droit d'insurrection, profite de sa parenté avec les rois pour usurper sur le peuple, et de ses caresses au peuple pour inquiéter les rois?

» Qui nous dit qu'il n'ira pas chercher dans l'exil le germe de l'arbre monarchique tombé pendant la tempête de 1830, sur la terre étrangère, à qui la France n'a rien à reprocher, que son innocence et son antiquité, mais qui représente un principe mort dans la foi des siècles nouveaux?

» Qui nous dit enfin qu'il ne dépassera pas la république gouvernementale organisée et civilisée que nous voulons, pour nous jeter dans une république de convention ou de sectes, sans tradition, sans lumières et sans garanties? dans une anarchie en un mot?

» A toutes ces chances qu'une Assemblée constituante pourrait faire courir à la République, au pays, à la société, nous préférons la Constitution imparfaite que nous a léguée la nation souveraine et représentée en 1848. »

Voilà ce que nous disent les républicains ou les citoyens qui hésitent entre deux dangers et qui croient ainsi préférer le moindre.

VI

Et voilà ce que leur répondent les républicains plus hardis qui croient que les maladies ne se guérissent pas par la durée, mais qu'elles s'empirent. Ils disent donc, et je dis avec eux :

« La France s'avance vers une crise qui donne des inquiétudes à toutes les classes saines de la population. C'est vrai ; mais d'où viennent ces inquiétudes ? et quels sont les moyens de prudence et de résolution propres à prévenir tout danger ?

» Ces inquiétudes viennent-elles de l'extérieur ? Non ; quelles que soient les prophéties qu'on vous fasse sur ces prétendues coalitions de l'Europe contre le système républicain régulier en France, le simple bon sens vous dit que ces coalitions sont des rêves de diplomates oisifs. Les coalitions ne sont jamais que des reflux de l'Europe refoulée et menacée dans ses propres limites et revenant se défendre ou se venger sur votre propre terrain. On ne fait pas une chose si difficile qu'une coalition de gaicté de cœur ; on ne fait pas une coalition par précaution. Le monde n'est pas fou. Tant que la France n'attaquera pas les nationalités ou les souverainetés qui l'entourent, elle est elle-même inattaquable, ou, si elle venait à être attaquée ainsi dans son innocence et dans son droit, elle lèverait un million d'hommes au cri d'indépendance ; elle lancerait légitimement ses bataillons, son nom, ses principes au cœur des puissances agressives ; elle crierait vengeance aux peuples ; elle attesterait le monde des réserves qu'elle a eues en 1848 pour tous les gouvernements établis ; elle ferait la guerre de Trente ans de la démocratie ; elle triompherait en emportant de grands lambeaux des trônes et des territoires comme indemnité de la coalition. »

VII

Ces inquiétudes viennent donc exclusivement du dedans.

La France se dit : « Le gouvernement républicain que je me suis donné par ma souveraineté nationale, le 4 mai 1848, parce que toutes mes monarchies n'avaient que des ruines à m'offrir dans le passé, des chutes prochaines dans l'avenir, ce gouvernement est le seul possible, mais il est encore une ébauche. Se consolidera-t-il?

» Dans quatorze mois, ce gouvernement aura à renouveler à la fois son pouvoir législatif et son pouvoir exécutif. Double et difficile épreuve!

» Les élections de 1852 seront-elles aussi sensées, aussi bien inspirées que le furent celles de l'Assemblée constituante en 1848? M'enverront-elles une assemblée de royalistes effrénés comme en 1815? M'enverront-elles une Convention, comme en 1792? M'enverront-elles un corps législatif asservi et muet, comme en 1818? Si c'est une Assemblée de 1815, c'est une réaction de sang contre la République tolérante et douce de 1848; ce sang criera vengeance dans le cœur du peuple, et le royalisme, un moment vainqueur, expiera ensuite par de terribles représailles sa courte satisfaction.

» Si c'est une Convention, la terreur et la dictature des plus scélérats, selon la définition de Danton, marcheront à sa suite. Malheur aux royalistes, malheur aux républicains modérés, malheur au peuple instrument et victime de cette Convention ! malheur à la République elle-même, qui, grâce au temps, ne survivrait pas à trois mois de terreur ou de spoliation !

» Si c'est un corps législatif muet et servile comme celui de l'Empire, malheur à la liberté et à la patrie, car un empire ne peut vivre que de la guerre ! Or, la guerre intentée par système à l'Europe, au nom de la conquête et du despotisme, c'est la coalition cette fois, et c'est la coalition inévitablement triomphante ; car la guerre d'un contre tous, 1813, 1814, 1815, vous dit ce que c'est, même avec un Napoléon pour empereur.

» Mais ce n'est pas tout ; nous aurons à nommer en même temps un président de la République. Qui nous dit que ce président ne sera pas un traître, ni un royaliste, ni un terroriste, ni un socialiste dans le mauvais sens du mot, ni un frénétique, ni un fou ? Or, si, par malheur, le président de la République nommé en

1852 était une de ces têtes qui ne contiennent que du vent, des chimères, du sang, où en serions-nous? Car, bien qu'un président ne soit pas un roi, l'action d'un pouvoir exécutif sous un gouvernement quelconque peut entraîner un pays à de grandes catastrophes.

VIII

» Mais ce n'est rien encore. Voici quelque chose de plus grave. Le suffrage universel, qui faisait droit et titre en 1848 pour tout le monde, et qui écrasait toutes les résistances et toutes les factions par son universalité, ce suffrage universel a été atteint, mutilé, amputé, affaibli par la loi, je n'ose pas dire inconstitutionnelle, mais impolitique et téméraire du 31 mai 1850. Il y a maintenant deux suffrages universels, le suffrage restreint du 31 mai, le suffrage unanime de 1848. Duquel des deux se servira-t-on?

» Si c'est du suffrage unanime de 1848, il faut rapporter la loi du 31 mai. Se trouvera-t-il un ministre assez courageux pour le proposer ? une majorité assez prudente pour y consentir ?

IX

» Et s'il ne se trouve ni un ministre assez courageux ni une majorité assez prudente pour rapporter la loi du 31 mai et pour restituer le suffrage universel au peuple, que se passerait-il aux élections de 1852 ?

» Les républicains et les masses d'électeurs qui ont été investis de ce droit, qui ont été ennoblis par ce droit de suffrage universel, s'abstiendront-ils de voter? Mais, alors, l'Assemblée et le président, résultat d'un vote partiel et protesté, seront affaiblis dans l'exercice du gouvernement en face d'une opposition formidable des républicains et des masses, qui diront

au gouvernement : « Vous n'êtes pas la République!
» vous êtes un schisme! vous êtes une faction du gou-
» vernement! »

» Les républicains et le peuple voteront-ils? Mais alors, de deux choses l'une encore : ou on reconnaîtra leur vote illégal, ou on déchirera leur suffrage?

» Si on déchire leur suffrage, comment validerez-vous les choix qui en seront sortis? ou comment invaliderez-vous les élections de soixante départements?

» Si on reconnaît leur suffrage, la loi aura donc été vaincue par le nombre, et vous aurez une Assemblée et un président d'insurrection.

» Et que sera le gouvernement d'une Assemblée et d'un président nommés par un schisme du suffrage universel de quelques départements contre les autres?

» Ou que seront une Assemblée et un président nommés par une élection d'insurrection? »

X

Il y a, en effet, de quoi penser dans tout cela.

Mais y a-t-il de quoi se décourager et de quoi perdre l'espérance du salut de son pays? Mais n'y a-t-il point d'issue à ces difficultés?

Il n'y à point à se décourager, et il y une issue, il y en a même deux. Je vais vous les indiquer :

Ces portes, elles sont ouvertes par la Constitution elle-même. Il y a la révision et la non-révision de la Constitution. Vous avez à choisir : des deux manières, la France se sauve, plus promptement et plus complétement par la révision, plus lentement et plus orageusement par la non-révision; mais, des deux manières, il faut d'abord restituer le suffrage nniversel. Je viens de vous le démontrer.

XI

Parlons d'abord de la révision.

Lors même que la Constitution de 1848 serait sans faute, je dirais encore aux représentants amis de la République : Admettez la révision, même sans conviction et par ce seul motif que le pays la désire. Ne fût-ce qu'une fantaisie de sa part, passez-lui cette fantaisie. Les fantaisies d'un peuple sont souvent des instincts plus sages que nos sagesses. Ne résistez jamais longtemps, à moins que ces fantaisies ne soient des crimes. Un gouvernement nouveau qui succède à de vieux régimes et à de vieilles habitudes froisse toujours inévitablement bien des mœurs et bien des cœurs pendant le moment de la transition. Voyez l'Amérique républicaine; il lui a fallu plus de seize ans pour s'accoutumer à sa république, et, bien des années après sa révolution, il y avait dans son sein et dans son Assemblée des partis qui lui proposaient, comme chez nous, de revenir à la royauté. C'est dans la nature. Les peuples, comme les hommes malades et souffrants, se retournent longtemps dans leur lit avant de trouver une bonne place, ils espèrent toujours bien d'un peu de changement. Ne leur enlevez jamais cette espérance; si vous êtes des législateurs politiques et si vous voulez la République, pliez-la pendant les commencements aux douleurs, aux espérances, aux habitudes, aux faiblesses même de votre pays.

Les institutions sont faites pour les hommes, et non les hommes pour les institutions, accommodez-les à leurs convenances. Accoutumez peu à peu l'esprit des peuples à la forme de gouvernement que vous voulez fonder ou que la nécessité leur impose; apprivoisez votre pays à la République, au lieu de la courber par l'obstination et par la violence de puritanisme à un joug qu'il brisera si vous ne savez pas le rendre élastique comme l'opinion.

XII

Le pays a ajourné avec sagesse beaucoup de ses améliorations et de ses espérances en 1852. Chaque parti s'est dit : « Cette date me fera raison de quelques-uns de mes griefs ou de quelques-uns de mes désirs. »

Le peuple s'est dit : « On me rendra mon droit régularisé mais entier du suffrage universel. »

La propriété s'est dit : « On me donnera, par une Assemblée constituante, le vote par arrondissement et par commune, qui épurera les élections des confusions et des ténèbres du scrutin de liste. Je reprendrai mon naturel ascendant, si je suis bienfaisante, dans les campagnes où je possède mes terres et mes foyers. Je redeviendrai l'aristocratie volontaire et légitime de la

République, les services que je rendrai à mes voisins et à mes cultivateurs seront mon honorable féodalité; cette féodalité sera dans les cœurs la plus solide de toutes. »

Les orléanistes sensés se sont dit : « Nous aurons la rapatriation de nos princes sur le sol de la République. Il n'y aura plus de proscrits, ni par le triste droit de naissance, ni par suite des peines politiques encourues pendant les agitations révolutionnaires ; une amnistie sans péril couvrira alors les républicains trop exaltés et les princes rapatriés. Ils redeviendront citoyens, et leurs noms et leur patriotisme les désigneront peut-être aux grandes magistratures de la démocratie. »

Les bonapartistes se sont dit : « Nous ne rêvons pas l'Empire, nous ne sommes pas les Épiménides de Sainte-Hélène; mais nous avons voulu montrer notre culte à la gloire militaire en appelant à la première dignité de la République un homme de ce nom. Sa magistrature nous paraît trop courte ; s'il la remplit bien, on nous donnera la faculté de le réélire pour une seconde magistrature de quelques années si le pays lui garde estime et popularité en 1852 ou en 1856. »

Les industriels, les négociants, les fabricants, les ouvriers se sont dit : « La France vit de travail, le travail vit de confiance, la confiance veut un *statu quo* de gouvernement un peu assuré et un peu étendu devant soi. Nous trouvons les changements de pouvoir exécutif trop fréquents pour nos affaires, nos entreprises, nos salaires; on nous donnera deux ou trois années de présidence de plus. »

Les politiques se sont dit : « En révolution, il ne faut qu'une seule Assemblée, car on est souvent obligé, comme en 1848, de prendre la dictature, et la dictature ne se divise pas en deux Chambres. Mais, quand la révolution est passée et qu'un gouvernement est établi, il convient, selon nous, de diviser la représentation nationale en deux assemblées issues toutes les deux du suffrage des citoyens, mais qui se font contrepoids pendant un certain temps pour donner réflexion au pays, et qui permettent au pouvoir exécutif de s'appuyer sur l'une de ces chambres quand l'autre refuse concours. On nous donnera une Assemblée nationale et un sénat comme en Amérique. »

D'autres se sont dit autre chose, mais tous se sont dit quelque chose. Il n'y a pas d'esprit en haut, en bas ou au milieu qui n'ait bâti son amélioration, son espérance, sa chimère même sur la révision de la Contitution à l'époque autorisée par cette Constitution.

En refusant cette révision, vous refoulez toutes ces espérances, tous ces désirs, tous ces rêves même, si vous voulez, dans tous les cœurs ! Vous vous interposez entre le pays et ses perspectives, vous dites à l'espérance : « Tu ne passeras pas ! » Vous irritez gratuitement l'opinion de toutes les classes de la population ; vous vous déclarez l'ennemi public de l'imagination d'un pays où l'imagination tient une si grande place dans les facultés humaines ! Vous impatientez l'esprit public ! Vous faites dire à la France entière : « Ces hommes se placent seuls comme une muraille entre mes volontés et moi ; écartons ces hommes, passons malgré eux, brisons le dilemme arbitraire dans lequel ils prétendent m'enfermer, revisons révolutionnairement la Constitution, puisqu'ils se refusent comme des enfants obstinés à la reviser constitutionnellement ! Nous avons fait des révolutions pour moins que cela ! nous en avons fait pour une ordonnance de Charles X contre la presse ! nous en avons fait pour une réforme électorale refusée par M. Guizot, et nous n'en ferions pas une pour un refus de reviser légalement une Constitution tout entière ? »

Ne vous y fiez pas ! il ne faut défier de rien une nation comme la France !

XIII

Mais j'admets que la France se soumette à ces arbitraires obstinations de quelques dizaines de représentants qui lui refuseraient le mouvement et l'air; j'admets qu'en s'insurgeant contre eux, elle ne s'insurge pas en même temps contre la Constitution de 1848; quelles difficultés, quelles impopularités et quels obstacles ces hommes ne prépareraient-ils pas ainsi au gouvernement de 1852 à 1856? La France, pendant cette période, porterait leur Constitution comme le condamné porte ses fers; elle ne cesserait de les secouer en les leur reprochant. A chaque embarras des affaires publiques attribué à un des vices de cette Constitution non revisée par leur faute, on dirait : « Ce sont eux! » à chaque crise des affaires privées : « Ce sont eux! » Ils porteraient la responsabilité de toutes les animadversions nationales! ils seraient accusés et maudits dans tous les murmures de la population. Le poids des temps pèserait sur eux. Ils auraient le gouvernement qu'ils aspirent à prendre; mais ce gouvernement que leur propre obstination aurait rendu impossible pèserait comme une punition sur eux! Le porteraient-ils jusqu'au bout?

XIV

Non, je ne connais pas un homme sage et prévoyant qui voulût accepter de gouverner une nation à contre-sens de toutes ses espérances, qui voulût dire pendant cinq ans à un peuple: « Je t'ai dit moi-même que ta Constitution était pleine de vices, d'entraves et de dangers; je t'ai inspiré moi-même la passion de la corriger dans le sens de tes intérêts; mais, maintenant que tu me demandes de le faire, je te le défends du droit de mon caprice ; je te condamne, de mon autorité privée, à subir sous moi pendant un temps indéfini le joug de mon inconséquence et de mon ambition ! »

C'est là cependant, en propres termes, ce que le parti qui aurait refusé la révision serait obligé de dire à la nation le lendemain du vote. Je doute que la France lui renouvelât son mandat. Non, quand ces hommes y auront réfléchi, ils diront comme la France : « Conservons la République, notre seul salut ; mais améliorons la Constitution, seul moyen de conserver la République et de préserver la société ! »

XV

En y réfléchissant, ceux de ces hommes qui sont sincères apprécieront la futilité des objections qu'on a faites à une révision et que je vous énumérais tout à l'heure.

Il n'y en a qu'une seule qui mérite d'être examinée. L'Assemblée constituante sera peut-être royaliste ou monarchique. Mais qui a nommé l'Assemblée constituante de 1848 sous l'empire de la plus grande émotion et de la plus complète liberté qui ait jamais conduit un peuple innombrable à ses comices?

C'est la France, n'est-ce pas?

C'est la France, qui n'a pas eu peur de la France et qui ne s'est pas défiée d'elle-même!

Et qui nommera l'Assemblée constituante de 1852?

C'est la France, n'est-ce pas encore?

C'est la France, plus calme, plus de sang-froid, plus organisée, plus réfléchie qu'au lendemain et dans la poussière d'une révolution!

Eh bien, si la France troublée, agitée, confuse mais patriotique de 1848, la France propriétaire, religieuse, industrielle, agricole, commerçante, ouvrière, prolétaire, unie par l'instinct dans un même intérêt (car toutes ces classes n'en ont qu'un, malgré les sophismes des oligarques et des démagogues), si cette France a cependant nommé en 1848 la plus courageuse, la plus honnête et la plus sensée des représentations, pourquoi vous défiez-vous d'elle aujourd'hui, et pourquoi pensez-vous que la France, consultée par le suffrage universel restitué, que la France en immense majorité plebéienne, démocratique, populaire, nommerait une représentation chargée de se désavouer elle-même en désavouant l'ennoblissement du peuple, la République ? Avez-vous jamais vu de ces apostasies en grand d'un peuple entier prenant à deux mains sa propre image pour la jeter en pièces aux pieds de ses profanateurs ? Est-ce qu'un pays en masse devient insensé comme un Charles VI ou comme Hamlet ?

Et quel droit vous a-t-elle donné de croire que, si elle ne nommait pas des royalistes, elle ne nommerait que des démagogues ?

Les ténèbres du scrutin de liste lui ont fait commettre, il est vrai, quelques erreurs presque toujours involontaires ici et là, cela est vrai ; elle s'est trompée d'hommes, jamais ou presque jamais d'intention ; et, tout bien compté, sur dix-huit cents élections publiques accomplies par elle depuis le mois de mai 1848 jusqu'à ce jour, il n'est pas sorti plus de trente ou quarante scandales d'opinion ou monstruosités d'idées des urnes de la France! et encore! Si vous alliez au fond de la pensée locale qui a produit ces scandales et ces monstruosités d'idées, vous reconnaîtriez presque partout qu'ils ont été des votes à tâtons, des ignorances, non des systèmes! Mais trente ou quarante élections désorientées sur dix-huit cents, est-ce là de quoi atténuer les majorités d'ordre et de quoi désespérer de la démocratie? L'histoire, plus juste que vous, dira qu'il y a là de quoi rassurer les plus défiants et de quoi justifier à jamais le suffrage universel en France!

Mais considérez donc votre pays et voyez si les

doctrines démagogiques et subversives ont désormais aucune chance d'y prévaloir sur le bon sens et sur l'intérêt public ! Un peuple où vingt-huit millions d'hommes se partagent solidairement la propriété mobilière, immobilière ou industrielle ! un peuple où les terres sont subdivisées comme des coupons du sol passant de main en main, agglomérées et parcelées tour à tour par l'économie et par l'héritage ! un peuple où un million d'hommes bientôt ont un capital à eux économisé dans les rentes de l'État et sur le grand-livre de la dette publique démocratisée en six cent mille parts de plus, seulement depuis la République ! un peuple où deux millions de capitalistes, petits ou grands, ont leur fortune en actions industrielles dans toutes les entreprises de travail ou de luxe, mines, houilles, chemins de fer du pays ! un peuple où six millions d'ouvriers prolétaires sont attachés par l'association, par le salaire, par le patronage, par la domesticité, seconde famille, au champ, au foyer, à l'usine, à la fabrique, des propriétaires ou des capitalistes, ou des agriculteurs de toutes conditions! un peuple où il n'y a pas trois cent mille prolétaires oisifs, paresseux, vicieux ou immoraux qui flottent comme une écume sur la surface honnête et responsable de quarante millions d'habitants! un peuple qui est divisé en trente-sept mille communes, où chaque famille a son foyer, où chaque citoyen connaît son voisin, où tout ce qui souffre est promptement secouru, où tout ce qui cherche sincèrement un salaire en trouve deux! un peuple qui est doué par la nature des plus beaux dons de l'humanité, un bon cœur et un bon sens! un peuple qui est instruit dans des milliers d'écoles, moralisé dans des milliers de temples, couvé, éclos, préservé du mal, ramené au bien dans des millions de familles! un peuple qui a l'expérience des révolutions anarchiques depuis soixante ans et qui a grandi dans la sainte horreur des proscriptions, des échafauds et du sang, dont ses pères lui ont, dès l'enfance, raconté l'histoire, inspiré la sainte répugnance ! Faire d'un peuple pareil un peuple de démagogues, de pillards et de guillotineurs ! supposer qu'un peuple pareil va nommer, pour le représenter dans ses intérêts, dans ses honnêtetés, dans ses vertus, dans son travail, dans ses propriétés, dans ses familles, une majorité de spoliateurs, de démolisseurs, de sicaires ! en vérité, c'est blasphémer non pas seulement une nation, c'est blasphémer le bon sens !

Est-ce que ce peuple a donné sa popularité aux démagogues les 24, 25, 26, 27 février 1848 ?

Est-ce qu'il ne s'est pas séparé à l'instant de son écume pour se rallier aux hommes d'ordre, de modération et de sang-froid ?

Est-ce que, dans tous les assauts qu'une plèbe flottante, étrangère au véritable élément du peuple, a essayé de donner à la République naissante, pour la précipiter dans l'anarchie, dans la violence ou dans le crime, l'immense masse du véritable peuple, depuis l'indigent jusqu'au riche, ne s'est pas rangée d'elle-même derrière ses modérateurs?

Est-ce que les souvenirs de la Terreur n'ont pas été répudiés par lui sur le berceau de sa République?

Est-ce que les journées de salut du 29 février, du mois de mars, du 16 avril, du 15 mai, du 23 juin, des élections, ne sont pas toutes des journées du peuple d'aujourd'hui? Est-ce que cela ressemble aux journées d'août ou de septembre 92? Est-ce qu'il y a rien de commun entre le peuple de ce temps-là sortant barbare et cruel d'une longue servitude avec ce peuple de 1848 sortant de la lente éducation de la liberté? Est-ce qu'un petit nombre de vociférateurs de clubs ou de sectaires dépaysés sont la majorité de la nation? Est-ce que leurs fureurs posthumes ou leurs rêveries absurdes sont la civilisation du temps présent?

Ceux qui font semblant de croire que la nation, interrogée dans sa conscience et dans ses intérêts par le suffrage de 1852, répondrait par la démagogie, le communisme et le suicide, ne sont pas seulement des aveugles, ce sont des ingrats. Car la société ne vit, depuis trois ans, que de l'intelligence, de l'esprit conservateur et de l'héroïque abnégation de l'incalculable majorité du peuple.

Il ne sortira de lui que ce qui est en lui, la représentation de son esprit de liberté, de progrès et de modération.

L'Assemblée constituante de révision achèvera la République ébauchée par la première. Aucun parti extrême n'y aura la majorité, parce que la France n'est d'aucun parti, que du parti de la civilisation. Elle ne se sauvera misérablement dans aucune des trois monarchies qui la sollicitent, parce que ce serait l'abdication de la démocratie, qui est sa nature et sa gloire. Elle ne se précipitera dans aucune démagogie et dans aucune secte, parce que ce serait la perte de ses intérêts, de sa nationalité, de sa civilisation. Elle veut vivre, posséder, travailler, penser, grandir. Voilà son esprit, voilà sa majorité ! Il n'y a ni préjugé dans les partis du passé, ni vertige dans les partis de l'avenir qui puissent la retenir ou l'entraîner où elle ne veut pas aller.

XVI

Quelques républicains disent encore : « Mais la République périra sous une nouvelle Assemblée constituante, parce que vous n'avez pas fait prendre au peuple de ces engagements terribles et sanglants qui le rendent solidaire d'une révolution accomplie, qui lui en partagent les crimes et les dépouilles, parce que vous ne lui avez pas fait brûler ses vaisseaux (comme on dit) avec la monarchie ? »

Je leur réponds d'abord par un fait : Les démocrates de 1792 avaient fait prendre au peuple d'abord ces gages sanglants et ces dépouilles ; la République qu'ils avaient souillée ainsi a-t-elle vécu? Non, elle a péri précisément pour n'être pas restée pure.

Et quant à ces dépouilles, à qui les prendrait-il, le peuple d'aujourd'hui? Au peuple lui-même. Il n'a ni église propriétaire, ni émigration à déposséder. A moins de tuer pour piller comme l'assassin de grande route, quelles classes lui donneriez-vous à dépouiller? Elles possèdent toutes, au même titre, le capital de l'un et le travail et le salaire de l'autre. Ce serait la spoliation pour la spoliation; et, d'ailleurs, une pareille République, où l'on assassinerait pour voler, ne serait plus un gouvernement, mais une boucherie! La nation française y perdrait son nom, et n'aurait plus rien à envier qu'aux anthropophages.

XVII

Mais, heureusement, la République, pour se consolider, n'a pas besoin de ces expédients machiavéliques des Danton à contre-sens qui les lui prêchent. Elle a sa raison d'être dans les classes qu'elle a fait entrer dans le droit politique et qui ne pourraient la déserter sans se désavouer elles-mêmes et sans déroger de cette noblesse du citoyen que la République leur assure à jamais.

Ce n'est pas d'une nuit à l'hôtel de ville, ce n'est pas d'un caprice et d'un système que la République est née, comme on vous le dit; elle est née parce qu'elle devait naître de la nécessité et de la logique des choses, au premier hasard qui faisait écrouler le gouvernement de la monarchie, le gouvernement du petit nombre.

En 1789, le gouvernement de la monarchie, de l'Église et de l'aristocratie, en s'écroulant sous l'assaut de la bourgeoisie, fit apparaître tout à coup une classe nouvelle, nombreuse, éclairée, riche, forte, capable et digne d'entrer en partage du droit politique et d'écarter les priviléges qui la reléguaient au quatrième plan de l'ordre social. Ce fut la révolution française! Quand cette bourgeoisie eut pris sa place par l'égalité et par le droit représentatif, la révolution fut faite, et ses résultats furent immenses.

Mais, depuis 1789, qui n'avait appelé qu'une partie restreinte du peuple au droit de citoyen politique, des classes innombrables s'étaient formées, s'étaient éclairées, s'étaient élevées par la propriété, par les industries, par le commerce, par l'économie, par la moralité, par les lumières, à la capacité et à la volonté d'exercer le droit politique, d'avoir leur part, leur voix dans le gouvernement. C'étaient les masses des villes et des campagnes, une seconde et plus universelle bourgeoisie. Il était tout simple que ces masses, reléguées par la monarchie moyenne de 1830, se sentant le droit et la capacité de compter pour quelque chose dans le gouvernement de la nation, éprouvassent l'humiliation de n'être comptées pour rien dans l'élection, et la passion naturelle d'une part au droit politique. Elles le demandaient avec obstination; le gouvernement de la classe moyenne le refusait avec aveuglement. Un hasard a fait la brèche en 1848; le gouvernement s'enfuit, la République devait prendre sa place. La République ne veut pas dire autre chose que l'unité de la nation divisée en deux peuples et fondue désormais en un seul peuple. Or, pour ces masses qui se comptent par milliers d'hommes, la République est la noble dépouille dont vous parlez. Il ne leur en faut pas d'autre. C'est leur armement, c'est leur conquête, c'est leur égalité, c'est leur unité, c'est leur noblesse. Qu'on ne la leur dispute pas, et elles concourront, comme elles l'ont déjà fait dans presque toutes vos élections, à consolider la société; qu'on la leur dispute, et elles la défendront par leur droit, par leur bon sens, par leurs vertus, et non par leurs crimes! La République de 1848, pour être chère au peuple, n'a pas besoin de donner à ce peuple ennobli d'autre gage que la République. Les terroristes de 1792 se trompent donc autant de date que les réactionnaires implacables de 1852. Nous sommes en révolution sans doute; nous subissons et nous subirons les oscillations de toute institution nouvelle qui se fonde au milieu des ressentiments, des impatiences; mais nous serons assez heureux, si la classe moyenne est prudente pour élever les uns sans abaisser les autres. Nous vivons dans un temps où le crime et la spoliation sont des anachronismes.

XVIII

Mais ici se présente la question de la loi du 31 mai, qui a restreint au delà du juste et du sage le droit électoral, et qui le restreint avant l'heure et hors des conditions où une Assemblée constituante pouvait seule organiser ce droit de la souveraineté de tous.

Pour tout républicain consciencieux et sincère,

la question de la révision est subordonnée à la question de la loi du 31 mai.

Autrement, nous dirions au peuple : « Nous allons reviser la Constitution faite par tous au nom de quelques-uns seulement. » Le peuple répondrait avec raison : « Vous vous moquez de moi ; vous voulez jouer la partie, et vous avez pipé les dés. Il est trop clair que, si vous écartez de l'urne trois millions de républicains, demain un ou deux autres millions, la monarchie pourrait en sortir ! nous ne nous opposons pas à ce que la monarchie en sorte si le suffrage universel, unanime et souverain décide contre nous ; mais nous ne reconnaissons pour souverain que le suffrage universel, entier, intégral, sincère et sans catégories, voté par l'Assemblée constituante en 1848. Nous reconnaissons à une future Assemblée constituante le droit non de le scinder, mais de le réglementer pour en exclure seulement les indignes ; en attendant, lui seul est notre arbitre ; rendez-le tel que l'Assemblée constituante nous l'a donné, et nous demanderons avec vous la révision ; car la révision est plus utile encore aux républicains qu'aux royalistes. Des vices de constitution sont une mauvaise condition de vie et de durée pour un gouvernement ! »

XIX

Ainsi voilà la question telle que les republicains consciencieux et les légitimistes même de bonne foi, et les hommes de vérité dans tous les partis la posent !

La révision, oui !

Mais la restitution du suffrage universel auparavant !

L'expérience à armes loyales !

Sans cela, point de révision ; car, sans cela, la

révision pourrait être la confiscation de la République au profit d'un seul parti !

Or, on sait ce que durerait ce triomphe.

XX

La révision, ainsi demandée et accordée après le rappel de la loi du 31 mai, tranche toutes les difficultés, fait tomber toutes les colères et remet chacun dans son droit. Voilà la solution simple, loyale, pacifique et constitutionnelle. Toutes les autres sont des aventures, des subterfuges, des coups d'État déguisés, des expédients qui ne sauvent rien et qui risquent tout.

La politique véritable n'est que la parfaite honnêteté. On ne saurait trop le redire. Il y a une vertu dans la justice. Il y a une toute-puissance dans le droit. Il y a une souveraine habileté dans le devoir.

Dans ce système, chacun est dans son droit, et chacun fait son devoir.

Que doit au pays le président de la République? Il lui doit d'accomplir son temps de magistrature et de remettre loyalement le pouvoir aux mains du pays, qui le lui a confié. Il le fera, nous n'en doutons pas.

Que doit la majorité de l'Assemblée nationale aux masses de la nation, dont elle a confisqué une partie du droit de représentation par les excès de la loi du 31 mai, qui retranche trois millions de républicains du suffrage? La majorité lui doit de restituer prudemment et loyalement le suffrage universel, sincère et entier de 1848. Elle le fera, nous l'espérons, non du premier coup peut-être, mais elle le fera avec patriotisme et prudence quand le cri public, qui commence à s'élever, l'avertira qu'elle a dépassé la sagesse et qu'un péril, non-seulement pour la République, mais pour la société couve au fond de chaque urne restreinte en 1852.

Que doit maintenant l'Assemblée nationale au pays? Elle lui doit de voter la révision, c'est-à-dire de donner satisfaction à cette volonté souveraine qui voit des vices à corriger dans sa Constitution et qui ne se laisserait pas impunément imposer ces vices prolongés par l'arbitraire et par l'ambitieuse obstination de quelques meneurs de coteries royalistes ou républicaines.

Et, quand l'Assemblée aura fait son devoir comme le président le sien, que devra le pays lui-même? Il devra, comme en 1848, voter avec la conscience et la dignité de la force son Assemblée constituante et son pouvoir exécutif.

Si l'Assemblée constituante peut être légalement convoquée à temps pour reviser la Constitution avant le 4 mai 1852 et qu'elle déclare les présidents rééligibles, comme le veut le bons sens et comme le veut la souveraineté du peuple, et si le président actuel de la République a conservé l'estime et la confiance du pays, le peuple pourra le renommer pour une seconde période de présidence.

Si l'Assemblée constituante n'est pas convoquée à temps pour la révision, si la rééligibilité des présidents n'est pas admise par la Constitution corrigée, ou si enfin le président actuel de la République n'a pas la majorité, il se retirera jusqu'à une candidature nouvelle, et il emportera la plus belle gloire d'un magistrat républicain de son nom, la gloire de n'avoir ni trahi ni usurpé la République, confiée témérairement peut-être à un pareil souvenir !

Un nouveau président choisi par la nation recevra le dépôt du pouvoir exécutif, et, quel qu'il soit, la France n'aura rien à en craindre. Car, s'il est homme de vertu, la France l'aimera et l'aidera, et, s'il n'est ni l'un ni l'autre, la France le méprisera et l'abandonnera d'elle-même. Confions-nous au bon sens de tous pour arriver en paix et en ordre à ces solutions, les seules sensées, et disons hardiment, la veille de 1852, ce que l'amiral Nelson disait à ses équipages la veille de Trafalgar : « La France espère que chacun fera son devoir ! » La Providence n'a-t-elle pas fait toujours le sien pour ce pays du bon sens ?

FIN

TABLE

Ressouvenir du lac Léman. 1
Confidence poétique. 19
La Fleur des eaux. 29
Le Mont-Blanc. 39
Une Entrevue avec Rossini. 45
Une Visite à l'abbaye de Vallombreuse 51
Les Esprits des fleurs. 61
Entretien avec le lecteur. 65
Les Pavots. 81

Sur une page peinte d'insectes et de fleurs. 83

Une Conspiration. 85

Hypothèses. 147

La Révision. 197

FIN DE LA TABLE

POISSY. — TYP. ET STÉR. DE A. BOURET.

www.ingramcontent.com/pod-product-compliance
Ingram Content Group UK Ltd.
Pitfield, Milton Keynes, MK11 3LW, UK
UKHW020134220726
13923UKWH00001B/164

9 782019 130947